초등학교 AI 리터러시 교육

AI문고

인공지능 시대입니다. 기계가 인간의 인지를 대신하고, 사물이 인간을 통하지 않고 다른 사물과 직접 커뮤니케이션합니다. 이에 따른 인간 삶과 문명 변화를 정확히 이해 · 예측 · 대응하는 것은 이 시대 우리 모두의 과제입니다. AI문고는 인공지능 기술과 환경의 여러 주제를 10가지 키워드로 정리합니다. 관련 개념과 이론, 학계와 산업계의 쟁점, 우리 일상의 변화를 다룹니다. 인간과 기술의 현재, 미래를 세심히 분석합니다.

일러두기

- 인명, 작품명, 저서명, 개념어 등은 한글과 함께 괄호 안에 해당 국가의 원어를 병기했습니다.
- 외래어 표기는 현행 어문규정의 외래어표기법을 따랐습니다.

처음이세요?

전문가세요?

초등학교 AI 리터러시 교육

정용복

대한민국, 서울, 커뮤니케이션북스, 2025

초등학교 AI 리터러시 교육

지은이 정용복
펴낸이 박영률

초판 1쇄 펴낸날 2025년 9월 30일

커뮤니케이션북스(주)
출판 등록 2007년 8월 17일 제313-2007-000166호
02880 서울시 성북구 성북로 5-11
전화(02) 7474 001, 팩스(02) 736 5047
commbooks@commbooks.com
www.commbooks.com

ISBN 979-11-430-0753-7 03500

책값은 뒤표지에 표시되어 있습니다.

차례

초등교육, AI를 어떻게 가르칠 것인가

왜 초등 AI 리터러시인가

머지않아 초등학생들은 아침에 스마트 스피커로 하루를 시작하고, 수업 시간에는 맞춤형 학습 앱을 활용하며, 방과 후에는 온라인 게임을 통해 친구들과 교류하는 일상을 보내게 될 것이다. 이러한 생활은 겉보기엔 자연스럽고 효율적인 디지털 일상처럼 보이지만, 그 이면에는 검색 추천 알고리즘, 음성 인식, 적응형 학습 엔진, 게임 매칭 로직 등 다양한 형태의 인공지능(Artificial Intelligence, AI)이 숨어 있다. 이러한 AI 시스템은 사용자의 선택을 유도하거나, 학습 경로를 조정하며, 사회적 상호작용의 경로까지 설계함으로써 사실상 일상적 의사 결정의 많은 부분을 대행하고 있다.

문제는 이러한 기술들이 사용자에게 '중립적이고 객관적인 도구'로 인식되기 쉽다는 점이다. 특히 인지 발달 단계에 있는 아동은 알고리즘이 특정한 가치, 목적, 편향에 따라 설계되었다는 점을 인지하지 못한 채 결과를 그대로 수용하기 쉽다. 이는 정보 소비뿐 아니라 가치 판단과 사회적 태도 형성에도 적지 않은 영향을 미친다.

이와 같은 맥락에서 철학자 존 롤스(John Rawls)가 제시한 '기본적 재화(primary goods)', 즉 모든 합리적 시민이 더 많이 갖기를 원하는 권리 · 자유 · 기회의 목록에 'AI 이해 역량'을 포함해야 한다는 최근의 제안은 주목할 만하다(Benton, 2023). 단순한 기술 교육에서 AI 리터러시를 민주사회에서 필수적인 시민 역량으로 간주하는 논지다.

AI의 구조와 작동 원리를 이해하고, 사회적 · 윤리적 함의를 비판적으로 성찰하며, 주체적으로 활용할 수 있는 역량은 오늘날 시민에게 요구되는 새로운 형태의 '윤리적 능력'이다. 이러한 능력이 모자랄 경우, 시민은 정의롭고 선한 사회를 설계할 주체로서의 자격을 충분히 갖추지 못하게 된다. 따라서 AI 리터러시는 더 이상 선택이 아닌 필수의 교육 과제로 자리매김해야 한다.

AI가 일상이 된 교실에서 초등교육은 더 이상 AI를 '나중에 배우는 과목'으로 밀어 둘 수 없다. 이러한 관점을 토대로 '왜 초등교육에서' AI 리터러시를 가르쳐야 하는지를 네 가지 관점에서 생각해 보자.

우선, 발달학적 적기다. 구체적 경험을 토대로 추상 개념을 조직하는 '개념 형성의 황금 시간'에 놓인 어린이에게 AI 개념을 삶의 문제 해결과 엮어 주면, 학습 효과가 폭발적으로 커진다. 최근 연구 논문에서 홍콩의 초등학생 82명을 대상으로 한 3개월간의 디지털 스토리텔링 기반 AI 교육 사례 연구에서 학생들은 AI 개념을 이해하고 실제 도구를 활용해 스토리를 창작하며, 지식 습득, 창의적 표현, 윤리적 인식 등에서 긍정적인 학습 효과를 보였다(Ng et al., 2022). 국내에서도 컴퓨터를 쓰지 않고 생각하는 연습을 하는 '언플러그드 활동', 블록을 쌓듯 명령어를 조립하는 '블록 코딩', 그리고 AI 기초를 배우는 과정을 3단계로 구성한 정보교육 콘텐츠가 학습 동기와 만족도를 동시에 끌어올렸다는 결과가 확인됐다(구은희, 2024).

다음으로, AI 리터러시 교육에서 중요한 과제는 사회적 포용과 기술 격차의 완화다. OECD(2023)에 따르면 고소득층 아동이 AI 기반 학습 플랫폼을 접할 가능성은 저소득층 아동의 1.8배에 달한다. 이러한 접근 격차는 AI 교육 시기를 중·고등학교 이후로 미룰 경우, 학습 격차로 구조화될 위험이 있다. 따라서 초등 시기부터 보편적이고 포용적인 AI 경험을 제공하는 것이 결정적으로 중요하다. 홍콩 초등교육에서의 예술을 매개로 한 AI 수업이 사회경제적 배경 및 성별에 따른 성취 편차를 통계적으로 무의미하게 만든다는 점을 보여 주었다(Yim, 2024). 국내 사례에서는 미술 · 음악 · 체육을 융합한 통합예술 기반 AI 리터러시 프로그램을 개발 · 적용하고, 사전 · 사후 검사와 만족도 조사를 통해 AI 리터러시 함양 효과와 프로그램 타당성을 확인했다(김지혜 · 한선관, 2023).

이처럼 초등 단계에서의 AI 교육은 기술 역량뿐 아니라 윤리적 민감성과 시민적 감수성을 동시에 길러야 한다. 알고리즘 편향, 개인정보 보호, 딥페이크와 같은 문제는 단순한 기술적 개념이 아니라 사회적 판단과 책임이 요구되는 시민적 이슈다. 최근 25편의 논문을 메타분석한 문헌 고찰 결과, 초등 AI 교육은 데이터 편향 탐지 능력과 윤리적 추론 능력을 동시에 향상하는 것으로 나타났다(Yim & Su, 2025). 특히 사회과 수업에서는 '알고리즘 인식-지식-평가-대처'의 네 단계를 중심으로 비판적 시민성 교육 모델이 구체화하고 있으며, 이는 기술을 수동적으로 받아들이는 태도에서 벗어나 AI 판단의 맥락과 결과를 숙고할 줄 아는 능동적 시민을 길러 내는 기반이 된다(김소연 · 박기범, 2024).

초등 시기부터 "AI는 왜 이런 결정을 내렸을까?", "누구에게 유리하거나 불리할까?", "AI 결정은 공정하다고 말할 수 있을까?"와 같은 질문을 던지고 함께 성찰하는 훈련이 필요하다. 이러한 질문은 단순히 기술의 작동 원리를 묻는 것을 넘어 AI가 만들어 내는 결과에 대한 도덕적 · 사회적 책임을 고민하는 능력을 기르게 한다. 이처럼 비판적 사고와 윤리적 판단을 습관화하는 교육은 AI가 일상적으로 작동하는 미래 사회에서 공공성과 책임의식을 갖춘 디지털 시민으로 성장하는 데 핵심적인 기반이 된다.

마지막으로, AI 리터러시 교육의 정착을 위해 주목해야 할 것은 학교 생태계 전반의 준비와 지속 가능성이다. 교사 개인의 역량만으로는 AI 기반 수업이 효과적으로 실행되기 어렵다. 교사, 인프라, 정책이라는 세 축이 유기적으로 연결되어야만 학교 현장에 AI 교육이 실질적으로 작동할 수 있다.

특히 교사는 AI 기술을 교수 전략과 교육 내용에 적절히 통합하는 전문성을 갖추어야 한다. 이를 위해 필요한 것이 바로 TPACK(Technological Pedagogical Content Knowledge, 기술 · 교수법 · 내용 지식) 개념이다. 이는 교사가 교육 내용(Content), 교수법(Pedagogy), 기술(Technology) 간의 균형 잡힌 이해와 적용을 바탕으로 수업을 설계하고 실행하는 복합적 지식 체계를 의미한다. AI 리터러시 수업은 이 세 요소가 긴밀히 통합될 때 효과를 발휘한다. 동시에 학교 차원에서 AI 활용을 지원하는 물리적 인프라(디지털 기기, 안정된 네트워크 환경, 생성형 AI 유료 구독 및 교육용 라이선스 확보), 이를 뒷받침할 제도적 · 행정적 정책 지원(교사 연수, 평가 체계, 시수 확보)이 함께 구축되어야 한다. 이러한 삼위일체 구조가 마련될 때만 AI 기반 교육이 학교 생태계에 안정적으로 뿌리내릴 수 있으며, 교육 혁신이 지속 가능한 방식으로 확장될 수 있다.

중국 서부 7개 성 · 도 536명의 교사를 조사한 연구는 성과 기대와 사회적 영향을 충족할 때 교사가 AI 도구 채택을 긍정적으로 수용함을 밝혔다(Yao & Abd Halim, 2023). 리와 만자리(Li & Manzari, 2025)의 516명 교사 대상 연구도 국가 차원의 정책적 뒷받침이 있을 때 AI 활용 수업의 학습 효과가 유의미하게 상승함을 재확인했다. 한국 초등교사 143명을 조사한 결과에서도 교사들이 챗GPT의 교육적 활용에 대해 기대와 우려를 동시에 갖고 있음이 드러났으며, 개인정보 유출 위험과 정보 정확성 문제, AI 역량 부족 등이 주요 저해 요인으로 지적되었다(홍수민 · 한형종, 2023). 실제 수업 설계와 평가까지 지원하는 비동기식 AI 연수가 교사 불안을 낮추고 활용 의지를 높였다는 현장 연구가 이를 뒷받침한다.

발달의 결정적 시기, 포용적 학습 기회의 보장, 윤리적 시민성의 함양, 학교 생태계의 체계적 전환이라는 네 가지 축은 유기적으로 맞물려 초등 AI 리터러시 교육이 선택이 아닌 국가적 책무로 전환되어야 할 필요성을 뒷받침한다. 이에 따라 초등 교실은 아이들이 AI를 '읽고', '묻고', '다루는' 능력을 자연스럽게 체득하는 공간으로 재구성되어야 한다. 이를 실현하기 위해 탐구 기반 프로젝트를 통해 추상적 개념과 생활 경험을 긴밀히 연결하고, 놀이와 협력 중심의 활동으로 사회문화적 격차를 최소화하며, 알고리즘 편향과 데이터 윤리를 비판적으로 성찰하는 사고 도구를 체계적으로 제시해야 한다. 아울러, 교사 연수와 정책 지원을 긴밀히 연계하여 학교 현장이 지속해서 AI 활용과 지도 역량을 확장할 수 있는 기반을 마련해야 한다. 이러한 총체적 로드맵은 AI 시대에 AI 리터러시를 '기본적 재화'로 인식하고, 이를 모든 어린이에게 보장하기 위한 사회적 책임을 구체화하는 실천 지침이 될 것이다.

AI 시대, 초등교육의 과제

AI는 더 이상 첨단 기술이라는 울타리 안에 머물지 않는다. 음성 비서가 책 읽기를 도와주고, 추천 알고리즘이 동영상을 골라 주며, 생성형 챗봇이 글쓰기의 첫 문장을 제안하는 등 AI는 초등학생의 생활 세계에 이미 깊숙이 개입하고 있다.

이처럼 알고리즘이 학습, 놀이, 의사 결정 과정을 실시간으로 조정하는 환경에서 초등교육이 당면한 핵심 과제는 두 갈래로 수렴된다. 첫째, 모든 어린이가 AI를 이해 · 활용 · 비판할 수 있는 역량, 곧 AI 리터러시를 공평하게 갖추도록 보장하는 일, 둘째, 그 과정에서 창의적 자기 표현과 윤리적 시민성을 함께 길러 내는 일이다.

AI 리터러시를 공교육에 실질적으로 통합하기 위한 첫걸음은 교과 · 교육과정의 근본적 재구조화다. 단순히 '코딩 시간'이나 도구 활용 중심 수업을 넘어서, 인간과 AI의 사고방식과 판단 원리를 의도적으로 대비시키는 교수 설계가 필요하다. 예컨대, 6학년 학생 147명을 대상으로 한 이중 대비(dual-contrast) 교수법 실험에서는 동일한 문제 상황에서 인간의 직관과 AI의 연산적 판단을 비교하게 함으로써 학생들의 지식, 기술, 윤리의식이 모두 유의미하게 향상된 것으로 나타났다(Dai, 2024). 이는 AI 리터러시 교육이 개념적 이해와 가치 성찰을 동시에 자극할 수 있어야 함을 시사한다. AI는 창의적 자기 표현을 유도하는 교육 매개로도 기능할 수 있다. 3~5학년 학생을 대상으로 예술 활동에 AI 생성 도구를 결합한 자기 표현 중심 프로그램은 학생들의 자기 표현 역량뿐만 아니라 AI 리터러시에도 교육적 가능성을 보였다(Lee & Kim, 2022). 이러한 경험은 "AI를 통해 나를 표현한다"는 감각을 심어 주며, 학습 지속을 유도하는 정서적 기반을 마련해 준다.

AI 리터러시에는 기술 이해만큼이나 윤리와 시민성이 중요하다. 디지털 스토리텔링 기반 수업에서 초등학생은 알고리즘 편향과 프라이버시 쟁점을 실제 상황에 대입해 토론하며 윤리적 추론 능력을 높였다(Ng et al., 2022). 생성형 AI를 글쓰기 교육에 도입한 현장 연구도 거부보다 '이해-활용-가이드' 접근을 강조한다. 학생들은 AI를 '똑똑한 친구'로 인식하지만, 저작권과 사실 검증에는 취약했기에 교사는 이를 보완하는 활동 설계가 필요했다(Han et al., 2024).

이러한 수업 혁신이 교실에 안착하려면 교사 전문성, 인프라, 정책 생태계가 함께 움직여야 한다. AI 도구를 안정적으로 도입하려면 기기 · 네트워크 지원뿐 아니라 교육과정 재구조화, 민간 협력, 연속적 교사 연수를 포괄하는 통합 정책이 필수임을 체계적 문헌 연구에서 거듭 확인한다(Arriola-Mendoza & Valerio-Urena, 2024). 교사는 기술 활용법뿐 아니라 윤리적 기준과 학습자 데이터 보호 원칙을 숙지해야 하며, 이는 국가 차원의 지원 없이는 지속되기 어렵다.

결국 초등교육이 안고 있는 과제는 교과 재설계, 창의적 학습 환경 조성, 윤리 시민성 강화, 형평성 있는 접근, 교사 전문성 및 정책 생태계 구축으로 이어지는 다층적 전환이다. 이러한 총체적 노력은 AI 시대의 '기본적 재화'로서 AI 리터러시를 모든 어린이에게 보장하려는 사회적 책무를 구체화하는 길이 될 것이다.

인간 중심 AI 교육의 전환

《초등학교 AI 리터러시 교육》은 기술 중심의 디지털 교육이 전 세계적으로 확산하는 흐름 속에서 초등학생을 위한 AI 리터러시 교육의 필요성과 방향성을 체계적으로 제시하고자 한다. 오늘날 학교 교육은 AI 기술을 이해하고 활용하며, 이를 윤리적이고 비판적으로 성찰할 수 있는 복합적 리터러시를 요구받고 있다. 그러나 현재까지의 관련 연구와 교육 실천은 대부분 중등 · 고등 교육 또는 성인 학습자 중심으로 이루어져 있으며, 초등교육 단계에 특화된 연구와 교육 자료는 매우 제한적인 상황이다.

이러한 배경에서 이 책은 초등교육 현장에서 제기되는 실질적 수요에 기반하여, AI 리터러시의 이론과 실제를 연결하고 교육 정책 및 교실 실천에 유용하게 적용할 수 있는 방향으로 구성된다. 초등학생은 AI 사용자이자 미래의 기술 주체로 성장할 세대다. 따라서 어린 시기부터 AI에 대한 기초 개념과 작동 원리를 이해하고, 이를 윤리적이고 책임 있게 활용하는 감수성을 기르는 것이 중요하다.

특히 초등 시기는 인지적 수용 능력과 사회적 규범의 내면화가 동시에 형성되는 발달 단계이므로, AI 리터러시에 대한 교육은 기술 중심 접근만이 아니라 사회적 맥락과 가치를 함께 고려하는 방식으로 설계되어야 한다. 이러한 관점에서 데이터 프라이버시, 알고리즘 편향성, 디지털 시민성 등 윤리적 · 사회적 함의를 포괄하는 AI 리터러시의 교육적 정의를 정립하고, 이를 설명하고자 한다.

아울러, 초등학생의 인지 발달 단계와 사회적 감수성을 고려한 교육 방법론으로서 놀이 기반 접근, 게임화된 활동, 탐구 중심 수업 모델의 가능성을 적극적으로 탐색한다. 최근 연구에서는 초등학생이 AI 개념을 놀이와 탐색을 통해 경험할 때 학습 효과가 높다는 점이 반복적으로 입증되고 있으며, 생성형 AI 같은 친숙한 기술 도구의 도입은 학습자의 몰입과 창의적 표현을 동시에 유도할 수 있다.

AI 리터러시 교육의 성공 여부는 교사의 전문성과 역량 확보에 달려 있다. 교사가 AI의 개념과 원리를 이해하고, 이를 교육적 맥락에서 재구성해 지도할 수 있어야 한다. 이에 따라 초등교사를 위한 핵심 AI 리터러시 역량을 명확히 제시하고, 실제 수업에서 활용 가능한 교수 전략과 수업 도구, 사례를 함께 제공함으로써 교사 연수 및 교육과정 설계에 있어 실질적인 기반 자료로 활용될 수 있도록 구성했다.

특히 기술 중심 교육에서 자칫 간과되기 쉬운 윤리적 판단력, 사회적 책임감, 공동체적 감수성과 같은 요소들을 교사 교육 내용에 포함함으로써 AI를 기술 습득의 대상이 아닌 인간 삶의 질과 사회적 가치에 기여하는 도구로 이해하도록 돕고자 한다. 이러한 관점은 교사가 AI 교육의 내용을 비판적으로 재구성하고, 학습자 중심의 교육을 실현하는 데 필수적인 기반이 된다. 이에 따라 초등 AI 교육의 방향성은 기술 자체보다 인간과 사회에 미치는 영향을 중심에 두는, 즉 '인간 중심 AI 교육'으로 정립되어야 한다.

또한 아동을 대상으로 한 AI 교육에서는 데이터 수집과 개인정보 보호, 알고리즘의 공정성과 같은 윤리적 고려가 반드시 병행되어야 한다. 이를 통해 학생 스스로가 자신의 데이터를 보호하고, AI의 판단을 비판적으로 수용하며, 공공성과 투명성을 고려한 디지털 시민으로 성장할 수 있도록 교육적 실천 기반을 마련하는 데 목적을 둔다. 《초등학교 AI 리터러시 교육》은 초등교육 현장에서 AI를 다루는 방식 자체를 재정의함으로써 기술 기반 교육의 미래 방향을 구체화하는 데 기여할 것이다.

이 책의 구성과 활용법

이 책은 AI를 이해하려는 교사와 학부모, 그리고 배움에 호기심이 가득한 초등학생까지, 한 권을 통해 개념, 활동, 윤리, 미래 전망을 두루 살펴볼 수 있도록 열 개의 장으로 짜였다. 각 장은 개념의 씨앗을 심고, 교실 속 경험으로 가꾸고, 확장 활동으로 열매를 맺는다는 흐름을 유지한다.

먼저 1장은 'AI란 무엇인가'라는 질문에서 출발해 음성 비서, 추천 알고리즘, 챗봇 같은 익숙한 사례를 풀어낸다. 이 기초 이해를 바탕으로 2장은 'AI 리터러시'가 왜 필요한지, 그리고 어떤 역량으로 구성되는지를 설명하며, 해외 학교 사례를 통해 방향을 제시한다.

3장은 머신러닝과 데이터라는 보이지 않는 엔진을 들여다본다. 데이터 수집에서 모델 학습으로 이어지는 과정을 간단한 활동과 실습으로 안내해 과학·수학 시간에도 곧바로 활용할 수 있다. 4장은 '놀이'에 주목한다. 보드게임, AR 게임, 역할극을 통해 알고리즘 개념을 몸으로 익히는 수업안을 제시하면서 배움의 흥미와 참여도를 끌어올리는 방법을 보여 준다. 이어지는 5장은 창의성 교육의 무대로 AI를 초대한다. 메이커 활동과 문제해결 프로젝트를 엮어 'AI와 함께 상상하고 만드는 교실'을 구현하는 과정을 단계별로 풀어 썼다.

최근 급부상한 생성형 AI는 6장에서 따로 다룬다. 초등학생이 안전하게 사용할 수 있는 텍스트·이미지 생성 도구를 소개하고, 글쓰기·미술·토론 수업에 접목하는 수업 시나리오를 담았다. 7장은 윤리와 디지털 시민성에 빛을 비춘다. 알고리즘 편향, 개인정보 보호, 저작권 문제를 토의·시뮬레이션·역할극으로 다루는 방법을 제시해 AI 기술을 비판적으로 바라보는 태도를 기르게 한다.

8장은 교사를 위한 장이다. AI 시대에 요구되는 교사 역량을 기술(Technology), 교육 방법(Pedagogy), 교과 내용(Content) 세 가지 지식을 어떻게 통합적으로 갖추고 운용해야 하는지를 설명하는 TPACK 관점에서 정리하고, 과학 등 교과에 AI를 녹여 낸 수업 사례를 설명한다. 9장은 데이터 프라이버시와 디지털 안전을 다루어 학생들의 개인정보를 보호하고 책임감 있는 기술 사용 문화를 형성하는 실천 지침을 제공한다.

마지막 10장은 AI가 그려 내는 미래형 초등 교실을 전망한다. 세계 각국의 혁신 사례와 국내 정책 과제를 분석하며, 우리 학교가 나아갈 길을 함께 모색하도록 이끈다.

초등교육 현장을 책임지는 교사라면 일차적으로 해당 교과와 맞닿은 장을 골라 읽고, 차례로 다른 장을 탐색하며 통합적 수업 설계를 시도해 보기를 권한다. 학부모는 1장과 7 · 9장을 먼저 읽어 AI에 대한 기본 이해와 가정에서의 디지털 안전 지침을 익힌 뒤 4 · 6장을 통해 자녀와 함께하는 놀이 · 창작 활동으로 자연스럽게 확장할 수 있다.

이처럼 《초등학교 AI 리터러시 교육》은 개념 · 활동 · 윤리 · 미래를 한 흐름 안에 담아, AI 시대를 살아갈 어린이들에게 'AI를 이해하고, 활용하며, 비판적으로 성찰하는 힘'을 길러 주는 실천적 길잡이가 되고자 한다.

참고문헌

구은희(2024). 초등학교 정보 교육을 위한 인공지능·소프트웨어 교육 콘텐츠 개발 및 효과 분석. 《한국컴퓨터정보학회논문지》, 29권 12호, 51-64.

김소연·박기범(2024). 알고리즘 리터러시 함양을 위한 사회과 수업 구성에 관한 연구. 《한국초등교육연구》, 35권 2호, 137-153.

김지혜·한선관(2023). AI 리터러시 함양을 위한 통합예술교육 프로그램. 《한국컴퓨터정보학회논문지》, 28권 12호, 281-288.

홍수민·한형종(2023). ChatGPT의 교육적 활용에 대한 초등교사 인식 및 교육 요구도 분석. 《컴퓨터교육학회논문지》, 26권 4호, 51-63.

Arriola-Mendoza, J., & Valerio-Urena, G.(2024). Essential elements for implementing AI tools in elementary school: A systematic literature review. *Education Sciences*, 14(12), 1292.

Benton, P.(2023). AI literacy: A primary good. In A. Pillay, E. Jembere, & A. J. Gerber(Eds.), *Proceedings of the Fourth Southern African Conference for Artificial Intelligence Research*. University of Johannesburg.

Gottschalk, F., & Weise, C.(2023). Digital equity and inclusion in education: An overview of practice and policy in OECD countries (OECD Education Working Paper No. 299). OECD Publishing. https://doi.org/10.1787/7cb15030-en

Dai, Y.(2024). Dual-contrast pedagogy for AI literacy in upper elementary schools. *Learning and Instruction*, 91, 101899.

Han, A., et al.(2024). Teachers, parents, and students' perspectives on integrating generative AI into elementary literacy education. In *Proceedings of the CHI Conference on Human Factors in Computing Systems* (pp. 1–17). Association for Computing Machinery.

Lee, D. Y., & Kim, Y.(2022). Development of self–expression activity class program for elementary school students to cultivate AI literacy. *Fourth Industrial Review*, 1(1), 9–17.

Li, M., & Manzari, E.(2025). AI utilization in primary mathematics education: A case study from a southwestern Chinese city. *Education and Information Technologies*. Advance online publication.

Ng, D. T. K., et al.(2022). An examination on primary students' development in AI literacy through digital story writing. *Computers and Education: Artificial Intelligence*, 3, 100123.

Yao, N., & Abd Halim, N. D.(2023). Analyzing factors influencing primary school teachers' acceptance willingness of artificial intelligence technology. In *Proceedings of the 6th International Conference on Educational Technology Management* (pp. 35–41). ACM. https://doi.org/10.1145/3637907.3637951

Yim, I. H. Y.(2024). Artificial intelligence literacy in primary education: An arts–based approach to overcoming age and gender barriers. *Computers and Education: Artificial Intelligence*, 7, 100321.

Yim, I. H. Y., & Su, J.(2025). Artificial intelligence literacy education in primary schools: A review. *International Journal of Technology and Design Education*. Advance online publication.

01
AI의 이해

AI의 배경과 정의를 살펴보며, '스스로 학습하고 판단하는 컴퓨터 시스템'이라는 AI 핵심 개념을 이해하도록 돕는다. 이어서 일상 속 사례를 통해 AI 분야인 머신러닝과 딥러닝이 어떻게 데이터에서 패턴을 찾아내는지를 풀어낸다. AI를 '똑똑한 도구'로 설명하면서도, 완벽하지 않은 의사 결정자임을 강조해 질문하고 비판하는 태도를 유도한다.

AI와 1인 창업?

AI란 무엇인가?

AI(Artificial Intelligence)는 1956년 미국 다트머스 대학에서 열린 학술 워크숍에서 처음 공식적으로 제안되었다. 당시 존 매카시(John McCarthy) 등 연구자들은 "학습의 모든 측면이나 지능의 다른 특징이 기계로 기술될 수 있다면, 그 기계가 이를 모방할 수 있을 것"이라는 가설을 제시하며, 인간 지능의 수학적 · 논리적 모형화 가능성을 탐색했다(McCarthy et al., 2006). 이 선언은 AI 연구의 출발점이 되었으며, 이후 AI는 단일 기술이 아니라 다양한 하위 기술이 결합된 복합 정보 처리 체계로 발전하게 되었다.

오늘날 AI는 인간의 인지 능력을 기계가 수행하도록 설계된 기술로 정의된다. 유네스코(UNESCO, 2021)는 AI를 "컴퓨터 시스템이 인간의 지능과 유사하게 예측, 판단, 학습, 언어 처리 등의 기능을 수행하는 정보 처리 기술"로 규정하며, 인간 중심 설계와 윤리적 통제를 강조한다. 한편, 유럽연합(European Commission, 2018)은 AI를 "환경을 분석하고, 특정 목표를 달성하기 위해 일정 수준의 자율성을 갖고 행동하는 시스템"으로 정의하며, 자율성과 목표 지향성을 핵심 속성으로 본다.

이 외에도 일부 학자들은 AI를 "기계가 인간처럼 의사

소통하고, 추론하며, 독립적으로 판단할 수 있는 능력"으로 이해한다(Du-Harpur et al., 2020). 이처럼 AI의 정의는 기술적 기능, 자율성, 인간 유사성 등 어떤 속성을 강조하느냐에 따라 다양하게 분화되고 있으며, 이는 AI를 어떻게 설계하고 통제할 것인가에 대한 철학적 · 정책적 함의를 지닌다.

AI는 데이터(data), 알고리즘(algorithm), 컴퓨팅 파워(computing power)의 삼각 구조가 핵심을 이룬다. 이 중 데이터는 학습의 '연료'에 해당하며, 수집된 예제와 피드백 정보가 많을수록 AI 모델은 더 정교하게 패턴을 인식하고 변수 간의 관계를 이해할 수 있다(Mitchell, 2006). 알고리즘은 이러한 데이터를 분석하고 처리하는 '두뇌' 역할을 한다. 구체적으로 알고리즘이란 입력된 데이터를 바탕으로 특정한 규칙이나 절차를 따라 문제를 해결하거나 결과를 도출하는 계산 구조를 의미한다. 예를 들어, 사진 속에 고양이가 있는지 판단하거나, 문장을 번역하거나, 학생의 성향에 맞는 학습 문제를 추천하는 과정에서 알고리즘이 작동한다. 이는 인간의 사고 패턴을 흉내 내도록 설계된 일종의 '논리 체계'로 볼 수 있다.

최근 연구에 따르면 AI의 성능은 학습 데이터 양뿐 아니라 "어떻게 데이터를 표현하고(표현 구조), 어떤 방식으로 학습시키며(학습 전략), 어떤 방식으로 새로운 상황에 일반화할 수 있는가(일반화 능력)"에 의해 결정된다(Touretzky et al., 2022). 따라서 AI를 교육 현장에서 이해시키기 위해서는 알고리즘을 문제 해결을 위한 사고 과정으로 접근할 필요가 있다. 이는 초등학생들에게 알고리즘을 '생각하는 방법'이나 '순서를 정해 문제를 해결하는 법'으로 설명하는 기초가 된다.

컴퓨팅 파워는 이러한 방대한 연산과 반복 학습을 현실 시간 안에 처리하는 기술적 인프라다. 그래픽 처리 장치(Graphics Processing Unit, GPU)와 텐서 처리 장치(Tensor Processing Unit, TPU)는 AI 계산을 빠르고 효율적으로 수행하기 위해 설계된 병렬 처리 장치로, 대규모 신경망 학습과 실시간 추론을 가능케 한다. GPU는 범용 병렬 연산 가속기로, TPU는 AI 연산 전용 가속기로 각기 특화되어 AI 모델이 복잡해지고 데이터 양이 늘어남에 따라 두 하드웨어 모두 학습 속도를 높이고 실시간 추론을 가능케 하는 핵심 인프라로 자리 잡고 있다. 이러한 하드웨어가 받쳐 주지 않으면 아무리 좋은 알고리즘도 제 성능을 발휘할 수 없다. 이 세 요소가 유기적으로 결합할 때 비로소 AI는 경험(데이터) → 학습(알고리즘) → 실행(컴퓨팅)의 순환 과정을 통해 스스로 개선해 나가는 '지능적 시스템'이 된다. 따라서 어느 하나라도 부족하면, AI의 핵심 기능이 제대로 구현되지 않는다.

더 나아가 AI와 디지털 기술은 상호 의존적 생태계를 형성한다. 먼저 디지털은 텍스트 · 이미지 · 음성 등 모든 정보를 0과 1의 이진 부호로 변환 · 저장 · 전송하는 기술이자 이를 가능하게 하는 네트워크 환경 전반을 가리킨다. AI는 바로 이 디지털 데이터와 연산 자원을 토대로 학습 · 추론 · 생성 기능을 수행한다(UNESCO, 2021). 디지털 환경에서의 방대한 데이터는 AI 모델의 학습 · 검증 · 고도화에 필요한 '연료' 역할을 한다. 반대로, AI가 생성한 예측 결과, 추천 목록, 언어, 이미지 산출물도 다시 디지털 형태로 저장 · 유통되며 새로운 데이터 자원이 된다. 데이터가 많아질수록 알고리즘은 정밀해지고, 알고리즘이 정밀해질수록 서비스 품질이 높아지며, 향상된 AI 서비스는 다시 다양한 데이터를 끌어들이는 선순환이 구축된다. 즉 데이터 → 알고리즘 → AI 서비스 → 데이터로 이어지는 순환 고리가 형성되면서 두 기술은 서로의 성능과 가치를 높인다.

이 선순환 구조는 사용자가 체감하는 일상적 서비스로 구체화한다. 예컨대 스마트폰 카메라로 촬영된 사진은 즉시 클라우드에 업로드되고, 백엔드 AI가 피사체, 장면, 위치 정보를 분석해 '풍경', '음식', '야경'과 같은 태그를 자동 생성한다. 태그는 디지털 포털이나 SNS에서 검색 편의성을 높이고, 이용자의 클릭 · 검색 기록은 다시 AI 모델의 추천 정확도를 향상하는 학습 데이터로 축적된다. 비슷한 메커니즘이 스트리밍 플랫폼의 콘텐츠 큐레이션, 스마트시티 교통 신호 최적화, 디지털 헬스케어의 실시간 진단 등에서도 반복된다.

요컨대 디지털 플랫폼이 생성 · 축적한 데이터가 AI의 발전을 견인하면, 고도화된 AI는 다시 디지털 서비스를 통해 맞춤형 추천, 실시간 피드백, 자동화 의사 결정을 제공하며 디지털 경험을 확장한다. 이런 공진화(co-evolution) 관계 덕분에 AI와 디지털은 서로를 전제로 한 동반자적 기술 생태계를 구축하고, 사회 전반의 정보 활용 방식과 의사 결정 구조를 재편해 나가고 있다. 이 과정에서 AI는 '경험과 데이터를 통해 스스로 성능을 조정 · 개선'하는 학습 시스템으로서 디지털 기술이 제공하는 무한한 정보 자원 위에 지능적 추론 · 판단의 '두뇌'를 덧씌운다. AI-디지털 공진화는 콘텐츠 큐레이션에서 스마트시티 교통 제어, 산업 · 공공 영역까지 사회 전반의 정보 활용 방식과 의사 결정 구조를 재편하며, 데이터 중심의 새로운 지식 · 가치 창출 패러다임을 가속화하고 있다.

AI는 흔히 '약한 AI(Weak AI)'와 '강한 AI(General AI)'로 분류된다. 약한 AI는 특정 과제 수행에 최적화된 시스템이지만, 강한 AI는 인간처럼 자율적 사고와 판단을 수행할 잠재적 시스템이다(Niittymaki, 2020). 오늘날 우리가 일상에서 접하는 음성 비서, 추천 알고리즘, 생성형 챗봇은 모두 약한 AI의 사례이며, 반면 강한 AI는 새로운 문제를 스스로 정의하고 해결 전략을 수립하며 인간과 유사한 수준의 자율성과 일반화 능력을 지닐 것으로 기대되고 있다. 이들이 어떻게 학습·개선되는지 이해하기 위해서는 데이터, 모델, 컴퓨팅 파워가 어떻게 상호작용을 하는지 살펴봐야 한다.

오늘날 AI가 획기적으로 발전하는 배경에는 머신러닝(Machine Learning)이 있다. 머신러닝은 "경험을 통해 자동으로 개선되는 컴퓨터 시스템을 구축하는 학문"으로, 데이터에서 패턴을 학습해 과제를 수행할 수 있게 하는 알고리즘을 포함한다(Mitchell, 2006). 머신러닝 알고리즘이 방대한 데이터를 기반으로 스스로 패턴을 찾아내고 의사 결정 과정을 수행함으로써, AI는 실행기가 아니라 지속적 학습과 협업이 가능한 지능적 시스템으로 자리매김했다.

이런 관점에서 초등교육 현장에서는 AI를 단순한 '도구'가 아니라 '협력자(collaborator)'로 인식하도록 지도해야 한다. AI의 기본 원리로서 데이터가 어떻게 수집·가공되는지, 알고리즘이 패턴을 어떻게 학습·결정하는지, 디지털 인프라가 AI 성능에 어떤 영향을 미치는지를 아우르는 이해를 바탕으로, AI의 가능성과 한계와 윤리적 쟁점을 비판적으로 성찰하는 태도를 길러 주는 것이 필수적이다.

AI의 작동 원리와 사례

AI는 방대한 양의 데이터를 수집하고 분석하여, 특정 목표를 달성하기 위해 설계된 알고리즘을 통해 작동한다. AI 시스템의 작동은 데이터 수집, 모델 구축(알고리즘 설계), 훈련 및 평가, 예측 및 개선이라는 일련의 단계로 이루어진다.

데이터 수집은 AI 시스템이 학습하고 예측을 수행할 수 있는 기초가 된다. 교육 분야에서 학생의 학습 이력과 성적 데이터는 개인 맞춤형 학습 경로를 제공하는 데 필수적이다. 다음으로 모델 구축 단계에서는 알고리즘이 수집된 데이터를 분석해 특정 패턴을 학습한다. 이러한 알고리즘은 주로 머신러닝 기술을 기반으로 하며, 머신러닝은 주어진 데이터를 통해 시스템이 스스로 패턴을 발견하고 성능을 개선할 수 있도록 학습하는 기술이다(UNESCO, 2021).

AI의 학습 과정에서 중요한 개념은 신경망(neural network)이다. 인간 뇌의 뉴런 연결 방식을 모방한 신경망은 입력 데이터를 받아 여러 층(layer)의 연산 과정을 통해 결과를 도출한다. 특히 딥러닝(deep learning)은 여러 층의 신경망을 활용하여 복잡한 패턴을 더욱 정밀하게 학습하고 예측 능력을 향상하는 고급 머신러닝 방법이다(ASEAN, 2024).

실제 AI가 적용된 사례로는 개인 맞춤형 학습 시스템과 지능형 튜터링 시스템(Intelligent Tutoring System, ITS)이 대표적이다. 이 시스템은 학생의 학습 진행 속도와 이해 수준, 문제 해결 능력 등 개인별 특성을 실시간으로 분석하여 맞춤형 콘텐츠를 제공하고 학습 경험을 최적화한다(Saha & Mondal, 2024). ITS는 특히 수학과 과학처럼 구체적인 목표가 명확한 교과에서 효과적으로 활용된다. 학생이 수학 문제에서 반복적으로 오답을 선택하면, 시스템은 해당 개념에 대한 보충 자료나 유사 유형의 문제를 제시함으로써 학습자의 오류를 실시간으로 수정해 준다.

생성형 AI(Generative AI) 역시 교육 분야에서 활발히 활용되고 있다. 생성형 AI는 학생들이 창의적 글쓰기와 미술 활동을 하는 과정에서 아이디어를 확장하고, 창의적 표현을 돕는다. 예를 들어, AI 기반의 이미지 생성 프로그램은 학생들이 상상한 이야기를 시각적으로 표현해 창의력과 표현력을 증진하는 데 기여하고 있다(Druga et al., 2021). 이러한 AI 시스템을 효율적으로 운영하기 위해서는 강력한 컴퓨팅 인프라가 필수적이다. 특히 딥러닝 기반 AI 모델의 경우, 그래픽 처리 장치(GPU)나 텐서 처리 장치(TPU)와 같은 병렬 처리 장치를 이용해 대규모 데이터를 신속하게 처리하고 실시간 모델 실행과 개선이 가능하도록 지원해야 한다.

최근 연구에서는 AI 도구를 활용한 창의적 학습 활동의 사례로 디지털 스토리텔링 프로그램을 제시하기도 한다. 학생들이 직접 AI 애플리케이션으로 그림을 그린 후 이를 AI가 분석하여 결과를 도출함으로써, 데이터 편향이나 AI 윤리 문제에 대한 인식을 자연스럽게 높일 수 있다(Ng et al., 2022).

교사들의 AI 리터러시 향상 또한 중요한 과제로 인식되고 있다. 교사들이 AI를 교육적으로 활용할 수 있는 능력을 갖추도록 지원하는 것이 필요하며, 이를 위해 교사 대상의 AI 리터러시 프로그램이 다양하게 개발되고 있다(Zhao et al. 2022).

이처럼 AI의 작동 원리와 사례는 데이터 수집과 분석, 알고리즘의 설계와 학습, 강력한 컴퓨팅 인프라의 조합으로 이루어진다. 이를 바탕으로 AI 기술은 초등교육에서 다양한 혁신을 주도하고 있으며, 특히 학습의 질과 접근성을 지속적으로 개선해 나갈 것으로 보인다.

초등 눈높이에서 보는 AI

초등학생의 눈높이에서 AI는 복잡한 알고리즘이나 기술적 용어보다는 친숙한 생활 속 경험으로 이해하는 것이 중요하다. 초등학생들이 AI를 쉽게 이해하고 친근하게 느낄 수 있도록 교육 프로그램은 놀이 중심 활동, 이야기 중심 게임 기반 학습과 같은 접근 방법을 활용한다.

최근의 연구는 AI를 학생들에게 도구(tool), 조력자(servant), 동반자(companion)와 같은 다양한 관점에서 이해하게 하는 것이 효과적이라고 강조한다. 초등학생들이 AI를 단순히 기계가 아니라 사람과 협력할 수 있는 존재로 인식할 때, 기술에 대한 긍정적인 태도와 올바른 이해가 형성될 수 있다(Cho & Cho, 2024). 실제로 이 연구에서는 학생들이 AI를 친구나 동료와 같은 존재로 인식하며 친근감을 느낀다는 점을 확인했다.

또한, 초등 고학년을 위한 이중 대비(dual-contrast) 교수법을 활용하여, 인간과 AI의 특징을 명확히 대비시켜 AI의 가능성과 한계를 인식하게 하는 것도 중요하다. 이 교수법은 인간과 AI의 비교를 중심으로 아날로지(analogy)와 인지적 갈등을 통합해 AI 개념을 효과적으로 전달하는 접근법이다. 이러한 방법은 학생들이 AI의 기능을 이해할 뿐만 아니라 AI 사용 시 윤리적 책임감을 느끼고 비판적 사고력을 함양하는 데도 도움을 준다(Dai, 2024).

디지털 스토리텔링 프로그램은 학생들이 직접 AI 애플리케이션으로 그림을 그리고, AI가 이를 분석해 데이터를 기반으로 결과를 제공하는 과정을 통해 AI 개념을 자연스럽게 배우게 한다(Ng et al., 2022). 학생들은 AI 개념을 학습하고 이를 스토리로 표현함으로써 AI에 대한 이해와 창의적 사고를 증진했다.

더불어 초등학생들이 스토리 중심 게임 기반 학습을 통해 AI를 배울 때 학습의 흥미도와 참여도가 높아진다. 이 접근법은 AI 개념을 이해하는 과정에서 스토리텔링과 게임의 요소를 결합하여, 학생들이 AI를 쉽고 흥미롭게 접근할 수 있도록 돕는다(Gupta et al., 2024). 게임은 과학 탐구 문제를 중심으로 구성되었으며, 학생들의 AI 계획 능력 향상에 긍정적인 영향을 미쳤다.

한편, 초등학교 교사들이 AI 교육을 효과적으로 지도하기 위해서는 교사들의 AI 리터러시가 필수적으로 요구된다. 한국의 초등학교 교사들이 AI 교육을 실제로 어떻게 수행하고 있으며, 이들이 효과적인 AI 교육을 위해 갖춰야 할 역량은 무엇인지를 탐색한 연구에서는 교사들은 내용 지식(Content Knowledge)에 가장 자신이 없다고 응답했지만 기술 지식(Technological Knowledge)과 교수 지식(Pedagogical Knowledge)에는 상대적으로 자신감을 보였다(Kim & Kwon, 2023). 교사 대상의 전문적인 AI 교육 프로그램을 통해 교사들이 수업에서 AI를 보다 효과적으로 통합하고 활용할 수 있도록 지원하는 것이 중요하다(Zhao et al., 2022). 또한 교사들이 AI 기술 활용 의지와 효과적인 교육적 적용 능력을 갖추기 위해서는 지속적이고 체계적인 교육 프로그램의 제공이 필수적이다.

이러한 초등학생 맞춤형 AI 교육 접근법은 학생들이 AI를 일상에서 자연스럽게 받아들이고, 이를 통해 더 깊은 이해와 활용 능력을 갖추는 데 기여할 것이다.

참고문헌

ASEAN(2024). ASEAN guide on AI governance and ethics. ASEAN Secretariat.

Cho, S., & Cho, Y. H(2024). Elementary school students' mental models of human-AI relationships: Tool, servant, and companion. *Proceedings of the International Conference of the Learning Sciences* (ICLS 2024). International Society of the Learning Sciences.

Dai, Y.(2024). Dual-contrast pedagogy for AI literacy in upper elementary schools. *Learning and Instruction*, 91(1), 101899.

Druga, S., et al.(2021). *The 4As: Ask, Adapt, Author, Analyze? AI literacy framework for families*. University of Washington.

Du-Harpur, X., et al.(2020). What is AI? Applications of artificial intelligence to dermatology. *British Journal of Dermatology*, 183(3), 423-430.

European Commission(2018). Communication on artificial intelligence for Europe. European Commission.

Gupta, A., et al.(2024). Supporting upper elementary students in learning AI concepts with story-driven game-based learning. In *Proceedings of the Thirty-Eighth AAAI Conference on Artificial Intelligence* (AAAI-24).

Kim, K., & Kwon, K.(2023). Exploring the AI competencies of elementary school teachers in South Korea. *Computers and Education: Artificial Intelligence*, 4, 100137.

McCarthy, J., et al.(2006). A proposal for the Dartmouth summer research project on artificial intelligence. *AI Magazine*, 27(4), 12-14.

Mitchell, T. M.(2006). *The discipline of machine learning*

(Technical Report CMU–CALD–06–108). Carnegie Mellon University.

Ng, D. T. K., et al.(2022). Using digital story writing as a pedagogy to develop AI literacy among primary students. *Computers and Education: Artificial Intelligence*, 3, 100054.

Niittymaki, S.(2020). *Artificial intelligence to support study guidance* (Master's thesis). Hameen University of Applied Sciences.

Saha, A. K., & Mondal, C. K.(2024). *Artificial intelligence in education: Revolutionizing learning and teaching*. Red Unicorn Publishing.

Touretzky, D. S., et al.(2022). Machine learning and the five big ideas in AI. *International Journal of Artificial Intelligence in Education*. 33, 233–266.

UNESCO(2021). *Recommendation on the ethics of artificial intelligence*. UNESCO Publishing.

Zhao, L., et al.(2022). Developing AI literacy for primary and middle school teachers in China: Based on a structural equation modeling analysis. *Sustainability*, 14(21), 14549.

02
AI 리터러시와 초등교육

AI 리터러시는 인공지능의 개념과 원리를 이해하고, 그것을 비판적으로 사고하며 윤리적으로 활용하는 역량을 말한다. 초등교육에서는 이러한 리터러시를 학생 발달 수준에 맞춰 쉽게 풀어내는 것이 핵심이며, AI를 '이해하고 성찰해야 할 존재'로 다루는 접근이 필요하다.

AI와 MBTI?

AI 리터러시의 개념과 필요성

AI가 사회 각 영역에 빠르게 확산함에 따라 이를 이해하고 비판적으로 활용할 수 있는 AI 리터러시(AI literacy)의 중요성이 강조되고 있다. AI 리터러시는 기술 접근이나 숙련도 차원에서 지식, 기술, 태도, 가치를 포괄하는 복합적 역량으로 간주한다(UNESCO, 2021). 이는 디지털 시민으로서의 핵심 소양으로서, 누구나 갖추어야 할 필수 역량으로 자리 잡고 있다.

롱과 마거코(Long & Magerko, 2020)는 AI 리터러시를 "AI와 효과적으로 상호작용하고, 협력하며, 비판적으로 활용할 수 있는 능력"으로 정의했다. 이 정의는 기술 습득이나 정보 처리 능력에 머무르지 않고, 인간과 기계 간의 상호작용 능력, 협업적 문제 해결 역량, 그리고 사회적 함의에 대한 비판적 사고까지 포괄한다. 이러한 개념은 유네스코(UNESCO, 2021)가 제시한 AI 리터러시의 핵심 영역, 즉 AI 이해, 실천적 활용, 윤리적 성찰과도 일맥상통하며, 교육적 실천에서 그 방향성을 구체화하는 데 중요한 기준이 된다.

최근 연구들은 AI 리터러시를 '기술을 다루는 능숙함(technical fluency)'보다는 '시민적 역량(civic competence)'으로 재정의하고 있다. 유네스코가 2024년에 발표한 학생을 위한 AI 역량 교육 체계는 'AI가 사회와 환경에 미치는 영향을 식별 · 평가하고, 공공선 증진을 위해 책임감 있게 사용하는 능력'을 핵심 역량으로 명시한다. 세계경제포럼(WEF)도 2025년 "AI 리터러시는 기술 이해보다 시민적 주도권을 길러 주는 교육"이라고 강조한다.

이 흐름 속에서 유에 외(Yue et al., 2025)는 초등학생이 실제 사회 문제를 해결하는 과정에서 AI를 설계 도구로 활용하고, 그 한계를 인식하며 윤리적 판단을 내리는 능력을 AI 리터러시로 정의했다. 즉 AI 리터러시는 '코드를 배우는 수업'이 아니라 비판적 시민성(critical citizenship)을 기르는 수단이며, 기술이 인간의 삶과 공동체에 미치는 효과를 성찰하고 책임 있게 행동하도록 돕는 교육적 실천이다.

이러한 관점은 초등교육 현장에서 매우 중요하다. 초등 시기는 가치관과 사고방식이 형성되는 결정적 시기로, AI와의 초기 경험이 향후 기술 수용 태도와 사회적 책임 의식에 큰 영향을 미치기 때문이다. 따라서 AI 리터러시 교육은 학생이 AI를 통해 '문제를 해결하고, 의미를 만들며, 타인과 공존하는 방법'을 학습할 수 있도록 설계되어야 한다.

특히 초등학생들이 AI를 협력자(collaborator)로 인식하게 되면, 기술에 대한 도구적 접근에서 벗어나 주체적인 태도와 윤리적 감수성을 기를 수 있다(Lee & Kim, 2022). AI와 함께 창의적 글쓰기나 이미지 제작을 수행하면서 기술과의 상호작용을 학습하고, 동시에 책임감 있는 활용 태도를 습득하게 된다. 특히 초등학교 3~5학년을 대상으로 한 자기 표현 활동 수업을 제안하며, AI를 활용한 그림 그리기, 글쓰기, 음악 표현 활동 등을 통해 학생들의 자아 인식, 창의성, 사회적 상호작용 능력을 향상할 수 있다.

AI 리터러시는 기존 디지털 리터러시, 미디어 리터러시, 알고리즘 리터러시와 긴밀하게 연결되어 있다. 디지털 리터러시는 컴퓨터, 인터넷, 스마트 기기 등을 활용해 정보를 검색하고 분석·활용하는 기술적 능력에 초점을 맞추며, 미디어 리터러시는 정보의 생산과 소비를 둘러싼 의미 해석 능력과 비판적 사고를 포함한다. 이러한 리터러시는 AI를 다룰 수 있는 기초 기반을 형성하지만, AI 리터러시는 그보다 한 단계 더 진전된 개념으로 지능적 시스템과의 상호작용에 대한 이해와 성찰을 요구한다.

특히 알고리즘 리터러시는 AI 리터러시의 핵심 구성 요소로 부상하고 있다. 알고리즘 리터러시는 '코딩을 안다'는 기술적 이해에서 나아가 알고리즘이 어떻게 문제를 구조화하고 해결하며, 특정 결과를 생성하는지를 비판적으로 해석하는 능력이다(Dogruel et al., 2022). 이는 알고리즘이 단지 수학적 계산 도구가 아니라 사회적 현실에 영향을 미치는 의사 결정 기제라는 점에서 더욱 중요하다. 추천 알고리즘이나 자동 채용 시스템이 특정 인종·성별에 불리하게 작용할 수 있다는 점은 알고리즘의 중립성을 의심하고 윤리적 판단을 요구한다.

나아가 최근 연구는 AI 리터러시를 비판적 성찰 역량으로 확대하고 있다. AI는 인간의 판단, 감정, 선택까지 점점 더 깊이 관여하는 존재로 깊이 자리했으므로 사용자에게는 AI의 사회문화적 함의와 잠재적 영향을 인식하고 대응할 수 있는 시민적 사고력이 필수적으로 요구된다. AI 리터러시는 디지털 시대의 시민이 기술적 접근과 활용에서 점점 더 기술의 구조와 권력 관계를 읽고, 윤리적 판단을 내릴 수 있는 능력을 포함하는 총체적 교육 목표로 확장되고 있다. 초등교육에서도 이 같은 관점을 반영해 학생들이 '기술을 다루는 법'을 배우는 것이 아니라, '기술이 세상을 어떻게 바꾸는가?'를 묻고 판단하는 힘을 기를 수 있도록 도와야 한다.

초등학생 AI 리터러시 핵심 역량

AI 리터러시는 "알고리즘 사회를 읽고, 그 속에서 책임 있게 사고 · 행동할 수 있는 시민적 힘"으로 규정된다 (Benton, 2023). 따라서 초등교육 단계에서 AI 리터러시는 읽기와 쓰기처럼 모든 학습의 기초 소양으로 다루어져야 한다.

최근 유네스코(UNESCO, 2024)가 제시한 AI 역량 체계는 지식 · 기술 · 가치 · 행동의 네 차원, 12개 세부 역량을 통해 'AI를 안전하고 윤리적으로 설계 · 사용하며, 사회적 함의를 평가할 수 있는 능력'을 강조한다. 그러나 초등학생은 피아제의 구체적 조작기(7~11세)에 머물러 있어 알고리즘 개념을 직접 가르치기보다는 놀이 · 탐구 · 프로젝트 기반 경험을 통해 개념을 '몸으로' 이해하도록 설계해야 한다. K-12 AI 교육 설계에 관한 최근 체계적 문헌 고찰 역시 "학습자의 인지 발달 단계와 경험 중심 학습을 결합해야 AI 리터러시 효과가 극대화된다"고 지적한다(Li et al., 2024). 이에 따라 초등 AI 리터러시는 이해-활용-평가-성찰의 통합적 학습 경로를 포함한다.

AI 리터러시의 출발점은 AI에 대한 개념적 이해다. AI에 대한 지식과 이해는 AI의 개념과 정의, 역사, 머신러닝과 딥러닝 등의 작동 원리, 알고리즘 구조와 같은 기초적 지식의 습득을 의미한다. 초등학생을 대상으로 'AI는 어떻게 배우는가?' 수업에서는 데이터-규칙-모델링-예측의 순환 구조를 체험하게 함으로써 개념적 토대를 형성할 수 있다. 초등학생이 AI를 흥미로운 기술로 인식해야 하며, 기술의 본질과 작동 방식에 대한 과학적 이해를 형성하는 것이 출발점이다.

둘째, AI의 활용 및 적용 능력은 일상생활이나 학습 맥락에서 AI를 '작동하는 기술'이 아니라, 문제 해결의 도구이자 창의적 사고의 확장 수단으로 삼는 역량이다. 이는 학생들이 AI를 주어진 그대로 사용하는 것에 머무는 것이 아니라 자신의 목표와 문제 맥락에 맞게 AI를 선택하고 설계하며 응용하는 '실천적 설계자'로 성장하도록 돕는다. 예를 들어, 초등 고학년을 대상으로 한 프로젝트형 수업에서는 학생들이 AI를 실생활 문제 해결에 활용할 수 있는 경험을 제공하는 것이 핵심이다. 음성 인식 AI를 활용해 고령자에게 약 복용 시간을 알려 주는 알림 서비스 만들기, AI 이미지 생성 도구를 활용해 지역사회를 홍보하는 포스터 제작과 같은 맥락 중심의 실제 기반 활동을 설계할 수 있다.

이러한 활동을 통해 학생들은 AI를 자신의 목적과 사

회적 필요를 실현하는 수단으로, 능동적으로 활용하는 역량을 기르게 된다. 즉, AI 활용 능력은 단순 조작이나 기능 이해에서 목표 설정(무엇을 위해 AI를 사용할 것인가?), 문제 정의(어떤 문제를 해결하려는가?), 도구 선택(어떤 AI 기술이 적절한가?), 실행(어떻게 구현할 것인가?), 결과 반영(결과는 문제 해결에 어떻게 기여했는가?)라는 순환적 사고 구조를 통해 구현된다. 이러한 과정 중심의 학습은 학생들로 하여금 AI를 비판적으로 선택하고 창의적으로 활용하는 능동적 학습자로 성장할 수 있도록 돕는다.

셋째, AI 결과물의 평가 및 창작 능력은 알고리즘이 생성한 출력 결과에 대해 분석적으로 사고하고, 이를 비판적으로 해석하며, 새로운 형태의 콘텐츠로 전환할 수 있는 역량을 포함한다. 생성형 AI가 만들어 낸 글이나 이미지를 그대로 수용하는 것이 아니라 그 타당성과 맥락, 검증과 확인, 창의적 가능성을 스스로 판단하는 힘을 키우는 것이다. AI는 정보를 생성할 수 있지만, 그 결과를 수용하고 조정하는 주체는 인간이다. 초등학생은 생성형 AI가 만든 글, 이미지, 추천 결과 등을 비판적으로 해석하고, 그 맥락과 한계를 판단할 수 있어야 한다.

넷째, AI 윤리 및 가치 판단 능력은 기술의 활용 과정에서 발생할 수 있는 불공정성과 위험을 자각하고, 책임 있는 판단을 수행할 수 있어야 한다. 이는 기술 편향, 데이터 불균형, 개인정보 보호, 자동화에 따른 책임 문제 등 AI 기술이 내포한 윤리적 쟁점에 대한 민감성 및 비판적 성찰 능력을 포함한다. 특히 AI가 의사결정 과정에 관여할 때, 그 결정은 사회적 불평등을 재생산하거나 프라이버시를 침해할 수 있으며, 결과에 대한 책임 소재가 불분명해질 수 있다. 이를 인식하는 능력은 기술의 사회적 함의에 대한 성찰과 판단이라는 시민적 역량으로 연결된다.

유네스코(UNESCO, 2021)는 AI 윤리 교육의 핵심 원칙으로 책임성(responsibility), 투명성(transparency), 인간 중심성(human agency)을 제시하며, 이러한 가치들이 선언에 그치지 않고 교육 현장에서 실천적으로 구현되어야 함을 강조한다. 이는 AI가 인간의 결정에 영향을 미치는 오늘날, 시민 개개인이 기술의 윤리적 함의에 대해 비판적으로 사고하고 주체적으로 대응할 수 있는 능력을 갖추는 것이 필수적이라는 점을 시사한다.

이러한 윤리 교육은 초등교육 단계에서도 충분히 가능하다. 오히려 가치관이 형성되는 초기 시기에 AI와 관련된 윤리적 이슈를 접하고 토론하는 경험은 장기적으로 학생들의 기술 수용 태도와 사회적 책임 의식에 큰 영향을 미친다. 초등학생이 유명인을 이용한 딥페이크 이미지나 특정 성별과 지역에 편향된 추천 알고리즘을 사례로 분석하고 토의하는 활동은 AI가 어떻게 사회적 차별을 강화하거나 정의를 훼손할 수 있는지에 대한 통찰력을 기를 수 있도록 돕는다. 구체적으로는 알고리즘 편향, 프라이버시 침해, 책임 소재와 같은 AI 윤리 이슈를 토론, 시뮬레이션, 역할극 활동과 연계함으로써 학생들은 다양한 사회적 관점을 이해하고 윤리적 갈등 상황에서 숙의 기반의 의사 결정 능력을 기를 수 있다.

실제로 초등 고학년을 대상으로 알고리즘 윤리 수업을 한 결과, 학생들이 AI 기술에 대해 보다 비판적으로 질문하고 책임 주체를 탐색하는 사고 수준이 높아졌다(Ng et al., 2022). AI 윤리 교육은 AI를 '어떻게 사용할 것인가'뿐 아니라, '왜 그렇게 사용해야 하는가?'를 성찰하게 만드는 과정이다. 초등학생이 실제 사회적 사례를 분석하고, 가치 판단을 내리며, 대안적 행동을 고민하도록 유도하는 수업은 책임 있는 기술 시민으로 성장할 수 있는 교육적 기반을 제공한다.

이러한 AI 윤리와 가치 판단 능력은 다른 AI 리터러시 역량과 독립된 것이 아니라 상호 유기적으로 연결되어 있다. 초등학생을 위한 AI 리터러시 교육은 이제 창의적 문제 해결 능력, 윤리적 감수성, 비판적 사고, AI와의 협업 역량까지 포함한 전인적 교육 목표로 확대되고 있다. 이를 위해 교육과정, 교수 전략, 교사 연수가 유기적으로 연계되어야 하며, 특히 학생 주도적 탐구 기반 활동, 게임 기반 학습, 협동적 프로젝트 중심의 실천이 효과적이다. 이러한 경험은 학생들이 AI를 '공공의 선을 함께 고민할 수 있는 협력자'로 인식하게 함으로써 기술을 재구성하고 책임 있는 태도로 다루는 통합적 시민 역량을 길러 주는 결정적 계기가 될 수 있다.

해외 AI 리터러시 교육 사례

AI의 교육적 활용이 급속히 확산하는 가운데 주요 국가 및 국제기구들은 학생과 교사를 위한 AI 리터러시 교육 사례를 활발히 개발하고 있다. 이들은 AI의 기초 이해는 물론 윤리적 판단, 창의적 활용 역량을 아우르는 교육 프로그램을 통해 AI와의 상호작용 역량을 증진하고자 한다.

미국의 대표적인 정책 연구 기관인 랜드(RAND) 연구소는 2023년 전국 초·중등(K-12) 교사를 대상으로 AI 도구 활용 실태를 조사했다. 이를 통해 미국 공교육 현장에서 실제로 어떤 방식으로 AI가 수업에 적용되고 있는지를 살펴볼 수 있다(Diliberti et al., 2024). 전체 교사의 약 18%가 실제 수업에 AI 도구를 활용 중이며, 주로 적응형 학습 시스템(Khan Academy), 가상 학습 플랫폼(Google Classroom), 생성형 AI(ChatGPT, Gemini) 등이 사용되고 있다. 이들은 수업 자료 생성, 수준별 학습 콘텐츠 조정, 과제 작성 및 평가 자동화 등 다양한 교육 활동에 AI를 활용하고 있다.

초등학교 교사들 역시 점차 생성형 AI를 도입하고 있으며, 쓰기 지도, 수업 자료 디자인, 학습 피드백 자동화 등의 분야에서 교육적 가능성을 실험하고 있다. 예를 들어, 초등교사가 AI를 활용해 동화 속 인물의 대사를 생성하거나, 수준별 문해력 활동지를 자동 생성함으로써 수업의 다양성과 포용성을 확장하는 사례가 등장하고 있다. 이러한 활용은 특히 교사의 창의적 기획 역량을 확장하고, 학습자의 흥미를 끄는 도구로서 AI의 교육적 정당성을 보여 준다. 다만 이 보고서는 도시 지역의 교사일수록 AI 연수 기회가 부족하다는 점을 지적하며, 초등교사 대상의 체계적인 연수 프로그램 마련과 공교육 차원의 정책적 대응이 시급하다는 점도 함께 강조했다.

유럽연합은 유럽 30여 개국 교육부가 참여하는 비영

리 교육 혁신 네트워크(European Schoolnet Academy)와 유럽위원회(European Commission) 산하 연구 기관을 중심으로, 교사의 AI 교육 전문성 강화를 위한 다층적 교육 체계와 연수 체계를 정비하고 있다. 2024년 보고서에 따르면, 유럽 내 AI 관련 교사 연수는 다음 세 가지 축으로 구성된다(Cukurova et al., 2024).

우선은 AI를 활용한 교수-학습 지원이다. 지능형 튜터링 시스템, 자동 채점 도구, AI 기반 피드백 시스템을 교실 수업에 도입함으로써 교사가 반복 업무를 줄이고 학생 개별화 학습에 집중할 수 있도록 지원한다. 특히 초등학교에서는 글쓰기 자동 피드백 도구나 기초 수학 학습 튜터와 같은 AI 프로그램이 활용되어, 학생 수준에 맞는 학습 자료 추천과 즉각적인 피드백을 제공하는 사례가 확산 중이다.

다음으로 AI 이해 교육이다. 교사 대상 연수 과정에서 AI 기술의 원리, 편향, 설명 가능성, 데이터 윤리 등 핵심 개념을 포함하여, AI를 사회적 맥락 속 기술로 이해할 수 있는 역량을 키우는 데 중점을 둔다. 이는 초등교사가 AI 수업의 윤리적 측면을 자신 있게 다룰 수 있는 기초를 형성한다.

마지막으로 AI 시대를 위한 교육 혁신 프로그램이다.

데이터 기반 의사 결정, 프로젝트 기반 학습, 학생 참여 중심의 교수법을 통해 AI와 공존하는 미래 교육의 전환을 목표로 한다. 초등 교실에서는 학생 주도적 탐구 수업과 AI 도구를 접목한 문제 해결 활동이 장려되고 있으며, 교사는 이 과정에서 촉진자 역할을 수행하도록 훈련받는다.

한편, 유럽위원회가 개발한 DigCompEdu(디지털 교수 역량 체계)와 SELFIE for Teachers(교사용 디지털 역량 자가 진단 도구)는 교사의 디지털 및 AI 리터러시 수준을 자가 진단하고 연수 계획을 설계할 수 있도록 지원한다. 최근에는 이 시스템에 AI 이해도 및 윤리적 활용에 대한 항목이 추가되면서, 초등교사들도 자신의 디지털 역량 중 AI 관련 영역을 점검하고 체계적으로 성장할 수 있는 기반이 마련되었다. 이처럼 유럽연합의 접근은 교사의 전문성과 교육 철학 변화를 통해 초등학생에게 적절한 AI 경험을 설계할 수 있는 환경 조성에 초점을 맞추고 있다. 이는 단순 연수가 아니라 교사 중심의 생태적 변화 전략이라는 점에서 의미가 깊다.

호주 교육부는 2023년 학교 교육을 위한 생성형 AI 활용 교육 체계(Generative AI in Schools Framework) 초안을 발표하며, 공교육 전반에 생성형 AI를 도입하기 위한 윤리적 기준과 실천 지침을 공식화했다(Australian Department of Education, 2023). 핵심 취지는 AI가 교육 현장에 미치는 영향을 학교 공동체 전체가 투명하게 이해하고, 윤리적 · 사회적 책임을 바탕으로 AI를 교육에 통합하도록 하는 데 있다.

특히 생성형 AI 도구(ChatGPT, Canva Magic Write 등)의 교육적 활용에 따른 교사 연수 강화를 주요 과제로 제시했다. 초등교사들을 대상으로 한 직무 연수에는 프롬프트 작성법, 생성 결과의 진위 확인, 저작권 및 데이터 보호 등 AI와 관련된 실제 수업 운영 기술이 포함되어 있다. 초등교육 맥락에서 주목할 부분은 어린 학생들이 생성형 AI 결과물을 비판 없이 수용하지 않도록 돕는 교사 중심의 지도 전략이다. 예를 들어, 호주의 일부 주에서는 생성형 AI가 제공한 설명문이나 이야기 구조를 학생들이 분석하고 수정하도록 하는 활동이 초등 국어 및 디지털 기술 수업에서 시범 운영 중이다. 이를 통해 학생들은 AI의 작동 방식과 한계를 경험적으로 체득하고, 창의성과 비판적 사고를 동시에 계발하게 된다. 이러한 접근은 초등학생이 AI와 건강하게 상호작용을 할 수 있도록 도우려는 윤리 · 시민적 관점의 실천 모델로 평가받고 있다.

유네스코(UNESCO, 2023)는 AI의 윤리적 활용과 교육적 통합을 위한 세계적 기준을 수립하며, 이를 바탕으로 교사와 학생을 위한 AI 역량 교육 체계(AI Competency Framework)를 제안했다. 이 교육 체계는 다음 네 가지 핵심 영역으로 구성된다. AI 이해(Understanding AI), AI 윤리(AI Ethics), AI 교수법(Pedagogical Application of AI), 전문성 개발(Professional Development for AI)이다. 특히 유네스코는 AI를 인간 중심적 도구로 정의하고, 사회적 책임성을 갖춘 활용을 핵심 가치로 제시한다. 이 같은 접근은 교육 현장에서 AI가 학생 주도의 탐구와 공동체적 학습을 촉진하는 매개가 되어야 한다는 점을 강조한다.

초등교육 현장과의 연계 측면에서 AI 기술의 이해뿐 아니라 초등학생의 발달 단계에 맞는 교수 설계, 창의적 문제 해결, 협동 학습, 윤리적 판단 훈련 등을 통합적으로 포함한다. 유네스코 산하 파트너 기관은 초등학생을 위한 AI 개념 동화책, 게임형 시뮬레이션, 협업 기반 활동 도구 등을 보급하고 있으며, 이는 'AI를 함께 탐구하는 시민'으로서 학생을 기르는 데 목적이 있다.

유네스코는 또한 고소득 국가와 저소득 국가 간의 교육 자원 격차를 줄이기 위해, 공공 접근 가능한 AI 교육 자료의 오픈소스화를 권장하고 있다. 이는 기술 격차가 아닌 리터러시 격차를 줄이는 전략으로서 초등교육 단계부터 중요한 역할을 한다. 유네스코의 "AI와 인간 존엄성 교육" 프로젝트에서는 초등 3~6학년을 대상으로 'AI는 어떻게 사람처럼 말할 수 있을까?', 'AI는 공정할까?'와 같은 질문을 중심으로 토론, 협동적 글쓰기, 상황극 활동이 설계되어 있으며, 이는 윤리적 감수성과 이해 기반 AI 교육을 동시에 달성하기 위한 모델로 평가된다. 따라서 유네스코의 AI 역량 교육 체계는 어린이들이 AI와 함께 살아가는 시민으로서 갖추어야 할 이해력, 협업 능력, 윤리적 판단력, 디지털 책임성을 모두 포함한 총체적 리터러시를 지향한다.

참고문헌

Australian Department of Education.(2023). Australian Framework for Generative AI in Schools. https://www.education.gov.au/

Benton, P.(2023). AI literacy: A primary good. In A. Pillay, E. Jembere, & A. J. Gerber(Eds.), *Proceedings of the Fourth Southern African Conference for Artificial Intelligence Research*. University of Johannesburg.

Cukurova, M., et al.(2024). Professional Development for Teachers in the Age of AI. European Schoolnet.

https://www.eun.org/

Diliberti, M. K., et al.(2024). Using Artificial Intelligence Tools in K-12 Classrooms. RAND Corporation. https://www.rand.org/pubs/research_reports/RRA956-21.html

Dogruel, L., et al.(2022). Development and validation of an algorithm literacy scale for internet users. *Communication Methods and Measures*, 16(2), 115-133.

Kim, K., & Kwon, K. (2023). Exploring the AI competencies of elementary school teachers in South Korea. *Computers and Education: Artificial Intelligence*, 4, 100137.

Lee, D. Y., & Kim, Y.(2022). Development of self-expression activity class program for elementary school students to cultivate AI literacy. *Fourth Industrial Review*, 1(1), 9-17.

Li, L., et al.(2024). A systematic review of learning task design for K-12 AI education: Trends, challenges, and opportunities. *Computers and Education: Artificial Intelligence*, 6, Article 100217.

Long, D., & Magerko, B.(2020). What is AI literacy? Competencies and design considerations. In *Proceedings of the 2020 CHI Conference on Human Factors in Computing Systems* (pp. 1-16). https://doi.org/10.1145/3313831.3376727

Ng, D. T. K., et al.(2022). Using digital story writing as a pedagogy to develop AI literacy among primary students. *Computers and Education: Artificial Intelligence*, 3, 100054.

UNESCO(2021). *Recommendation on the ethics of artificial intelligence*. UNESCO Publishing.

UNESCO(2023). *Artificial Intelligence in Education: Guidance*

for Policy-makers. UNESCO Publishing.
UNESCO(2024). *AI competency framework for students.* UNESCO Publishing.
Yue, M., et al.(2025). Students as AI literate designers: A pedagogical framework for learning and teaching AI literacy in elementary education. *Journal of Research on Technology in Education.* Advance online publication. https://doi.org/10.1080/15391523.2025.2449942
World Economic Forum(2025). Why AI literacy is now a core competency in education. World Economic Forum.

03

머신러닝과 데이터의 기초

AI의 핵심 작동 원리인 머신러닝과 그 기반이 되는 데이터의 의미를 설명한다. 또한 스마트한 AI가 어떻게 데이터를 통해 작동하는지, 학습되고 개선되는지를 소개한다. 초등 교실에서 머신러닝 개념을 자연스럽게 체득할 수 있도록 돕는 학습 활동을 제안하여 학생들이 데이터와 알고리즘의 상호작용과 기계학습의 기초 소양을 기르기 위한 실질적 기반을 마련하는 데 초점을 둔다.

AI와 난임 극복?

머신러닝과 데이터의 의미

머신러닝(Machine Learning)은 AI의 핵심 분야로, 컴퓨터가 명시적인 프로그래밍 없이도 데이터를 통해 학습하고 성능을 향상하는 기술을 의미한다. 다시 말해, 머신러닝은 컴퓨터가 경험을 통해 패턴을 인식하고, 스스로 규칙을 발견해 새로운 데이터를 기반으로 예측하거나 결정을 내릴 수 있도록 한다(Touretzky et al., 2024; Morales-Navarro & Kafai, 2024).

머신러닝의 작동 원리는 크게 세 단계로 요약된다. 첫째, 훈련 데이터(Training Data)를 통해 알고리즘이 반복적으로 입력과 결과 사이의 관계를 학습한다. 둘째, 이 학습된 모델은 테스트 데이터(Test Data)를 통해 실제 예측력과 일반화 능력을 점검받는다. 마지막으로, 이 모델은 실생활 문제에 적용되어 새로운 데이터를 처리하게 된다. 예를 들어, 고양이와 개의 이미지를 구분하는 머신러닝 모델은 수천 장의 이미지 데이터를 분석하고, 이를 바탕으로 새로운 사진 속 동물이 무엇인지 예측할 수 있다(Forero-Corba & Bennasar, 2024).

이 과정의 기반에는 데이터가 있다. 데이터는 AI와 머신러닝이 작동하는 기반이며, 오늘날 정보 사회에서 '새로운 석유'라고 부를 만큼 중요한 자산으로 간주한다.

일반적으로 데이터란 관찰, 측정, 조사 등을 통해 수집된 사실이나 수치의 집합을 의미한다. 이러한 데이터는 맥락 없이 존재할 때는 단편적인 정보에 불과하지만, 이를 분석하고 해석하는 과정을 통해 유의미한 지식으로 전환될 수 있다(Friedrich et al., 2024). 특히 이러한 데이터 기반 학습 구조는 학습자가 스스로 데이터를 탐색하고 해석함으로써 사고력과 문제 해결 능력을 기를 수 있는 중요한 교육적 전환점을 제공한다.

초등교육 현장에서도 이러한 관점은 매우 중요하다. 학생들이 데이터를 비판적으로 분석하고, 그 안에 담긴 함의와 한계를 성찰할 수 있는 역량을 기르기 위해서는 데이터의 개념을 보다 확장해 이해할 필요가 있다. 데이터는 단순히 숫자나 표 형식에 국한되지 않으며, 학생이 직접 수집하고 해석할 수 있는 생활 중심의 정보로서, 텍스트, 이미지, 소리, 감각적 경험 등 다양한 형태로 존재한다. 이처럼 다양한 데이터는 문제를 탐색하고 해결책을 모색하는 과정에서 핵심적인 도구가 되며, 학습자가 세상과 능동적으로 상호작용을 할 수 있는 기반을 제공한다(Kreinsen & Schulz, 2023).

예를 들어, 초등학생이 일정 시간 동안 교실의 온도 변화를 측정해 그래프로 시각화하는 활동은 데이터 수집을 통해 데이터의 속성을 파악하고 그 안에서 의미를 도출하는 경험을 제공한다. 이 과정에서 학생은 데이터를 읽고, 해석하고, 재구성하는 데이터 리터러시(data literacy)를 자연스럽게 익히게 된다(Friedrich et al., 2024; Kreinsen & Schulz, 2023).

초등학생에게 머신러닝을 가르칠 때는 이러한 복잡한 개념을 직관적이고 체험적으로 이해할 수 있도록 접근해야 한다. 모랄레스나바로와 카파이(Morales-Navarro & Kafai, 2024)는 머신러닝 교육에서 '데이터 중심 접근'과 '알고리즘 중심 접근'을 병행해야 한다고 강조한다. 데이터 중심 접근은 학생들이 실제 데이터를 수집하고 이를 바탕으로 모델을 직접 훈련해 보는 경험에 중점을 둔다. 알고리즘 중심 접근은 모델이 데이터를 어떻게 처리하고 학습하는지를 시각적 도식이나 활동을 통해 설명하는 데 초점을 맞춘다.

투레츠키 외(Touretzky et al., 2024)는 K-12 머신러닝 교육의 초점을 다음 네 가지 핵심 역량에 두어야 한다고 제안한다. 첫째, 머신러닝의 개념적 정의를 명확히 설명할 수 있는 역량, 둘째, 알고리즘이 데이터를 통해 패턴을 학습하고 예측을 생성하는 과정을 단계별로 이해하는 역량, 셋째, 훈련 데이터의 품질 · 편향 · 범위가 모델

성능과 공정성에 미치는 영향을 평가하는 역량, 넷째, 모델의 '학습(training)' 단계와 '적용(inference)' 단계를 구분하고 각 단계에서 요구되는 자원과 윤리적 책임을 인식하는 역량이다.

이 네 가지는 데이터 이해, 실험적 추론, 윤리적 성찰을 포괄적으로 연결하는 융합형 사고의 기반을 이룬다. 따라서 초등교육 단계에서도 이러한 기반이 반영된 학습 목표와 활동을 설계해야 하며, 이를 통해 학생들은 미래 사회가 요구하는 AI 리터러시를 조기에 체득할 수 있다.

데이터가 만드는 스마트한 AI

AI의 핵심은 '데이터'에 있다. AI가 인간처럼 '배우고 판단하는' 능력을 갖추기 위해서는 방대한 양의 데이터가 필요하며, 이 데이터는 머신러닝 알고리즘이 의미를 추론하고 행동을 결정하는 데 사용하는 원재료이자 지식의 토대다. 다시 말해, 데이터는 AI의 '연료'이며 '재료'다. 데이터 없이는 AI가 존재할 수 없으며, 데이터의 품질, 다양성, 대표성은 AI의 판단력과 공정성을 직접적으로 좌우한다(Olari & Romeike, 2021; Schuller, 2022).

문제는 이 데이터가 반드시 신뢰할 수 있는 것만은 아

니라는 점이다. 데이터가 왜곡되거나 편향되어 있을 때, 그 위에 학습된 AI는 구조적으로 편향된 판단을 내리게 되며, 이는 사회적 불공정성과 차별로 이어질 수 있다. 실제로 최근의 많은 사례는 데이터 편향이 알고리즘 편향으로 이어지는 과정을 보여 주고 있으며, 이로 인해 AI에 대한 비판적 이해와 윤리적 감수성의 중요성이 더욱 주목받고 있다.

이러한 맥락에서 데이터 리터러시는 AI 리터러시의 기반 역량으로 자리매김하고 있다. 크라인센과 슐츠(Kreinsen & Schulz, 2023)는 디지털 리터러시, 데이터 리터러시, AI 리터러시를 '21세기 핵심 역량의 삼각 프레임'으로 제시하며, 이 중 데이터 리터러시를 AI 리터러시의 출발점이자 기초 역량으로 간주한다. 학생들이 AI의 작동 원리를 외형적으로 이해하는 데 그치지 않고, 그것이 어떠한 데이터에 의해 학습되며, 어떤 한계와 편향을 가질 수 있는지 비판적으로 성찰하려면, 우선 데이터를 이해하고 해석할 수 있는 능력이 필수적이기 때문이다.

이러한 관점은 교육 현장에서의 실천 전략과도 일치한다. 예를 들어, 올라리와 로마이케(Olari & Romeike, 2021)는 AI 리터러시를 데이터 리터러시와 분리해서는 교육적 효과를 기대하기 어렵다고 지적하며, AI를 이해하고 활용하기 위해서는 데이터 수집, 저장, 전처리, 분석, 시각화, 해석, 윤리적 판단에 이르는 전 과정을 포괄하는 '데이터 생애 주기(data lifecycle)' 전체를 교육적으로 다뤄야 한다고 강조한다.

슐러(Schuller, 2022)는 이를 더욱 확장하여, 데이터와 AI 리터러시를 기술적 숙련이 아니라 사회문화적 맥락에서 윤리적 · 비판적으로 사고할 수 있는 '통합적 미래 역량'으로 규정한다. 그는 데이터 리터러시가 분석 능력에 그치지 않고, 데이터를 둘러싼 맥락 관계, 사회적 영향, 책임성 등을 고려하는 시민적 감수성으로까지 발전해야 한다고 강조한다. 이는 학생들이 데이터 기반 세계를 능동적으로 해석하고, 그 안에서 책임 있는 민주 시민으로 성장할 수 있도록 돕는 교육 목표와 깊게 맞닿아 있다.

따라서 AI 리터러시 교육은 도구의 사용법을 익히는 수준에 머물러서는 안 된다. 데이터의 속성과 한계를 이해하고, 이를 바탕으로 AI가 어떻게 학습하고 판단하는지를 탐색할 수 있는 능력을 갖추도록 하는 것이 중요하다. 결국 AI 리터러시 교육은 데이터 리터러시와의 긴밀한 통합을 전제로 해야 하며, 이는 곧 교육 현장에서 데이터 중심의 활동을 적극적으로 설계하고, 학생들이 AI

학습 원리를 직접 경험하고 성찰할 수 있는 실천적 기회를 제공하는 것으로 구체화해야 한다.

데이터 생애 주기의 이해

데이터 생애 주기(data lifecycle)는 데이터 기반 AI 시스템을 구축하고 운영하는 전체 과정을 체계적으로 설명하는 개념이다. 이를 올바르게 이해하는 것은 AI 리터러시의 기초이자 핵심이며, 각 단계에서 요구되는 기술과 도구를 실습 중심으로 익히는 일은 교육적으로도 매우 중요하다.

데이터 생애 주기는 일반적으로 ① 수집(Collection), ② 저장(Storage), ③ 전처리(Preprocessing), ④ 분석(Analysis), ⑤ 시각화(Visualization), ⑥ 해석(Interpretation), ⑦ 윤리적 판단(Ethical Considerations) 등의 7단계로 구성된다. 이러한 각 단계는 주로 파이썬(Python) 기반의 라이브러리와 AI 도구들을 활용해 수행된다. 파이썬은 전 세계적으로 데이터 과학과 AI 개발의 표준 언어로 인정받으며, 데이터 처리의 전 과정에서 폭넓게 사용된다.

데이터 생애 주기의 첫걸음은 데이터를 모으는 일이다. 웹페이지의 문장이나 데이터 덩어리를 규칙에 따라

잘게 쪼개서 필요한 정보를 긁어 오거나, 공개 API를 호출해 구조화된 데이터를 내려받고, 설문 도구를 통해 응답을 수집하며, 각종 센서에서 실시간으로 신호를 받아내는 모든 과정이 여기에 속한다. 이때 파이썬 생태계는 든든한 지원군이 된다. 뷰티풀수프(BeautifulSoup)와 스크래피(Scrapy)는 복잡한 웹사이트 구조를 탐색하며 원하는 요소를 정확히 추출하고, 오픈AI API나 트위터(X) API 같은 외부 서비스는 인증 토큰으로 간단히 연결해 모델 결과나 소셜미디어 데이터를 가져온다. 구글 폼(Google Forms)은 직접 설문지를 배포하기에 간편하며, AWS IoT Core나 Azure IoT Hub와 같은 사물인터넷 플랫폼은 센서 데이터의 무정지 스트리밍을 책임진다. 이렇게 출처와 형식이 제각각인 데이터가 한곳으로 모이면서 여정은 본격적으로 시작된다.

수집된 데이터는 곧바로 안전한 저장소로 옮겨져야 한다. 전통적인 관계형 데이터베이스인 마이에스큐엘(MySQL)과 포스트그레SQL(PostgreSQL)은 정형 데이터를 견고하게 보관한다. 반면 문서 지향 구조가 필요한 경우에는 몽고디비(MongoDB)와 같은 NoSQL 시스템이 유연성을 제공한다. 파일 단위 대용량 데이터를 다룰 때는 아마존 S3(AWS S3)나 구글 클라우드 스토리지

(Google Cloud Storage)가 무제한 확장성을 보장한다. 이처럼 목적에 따라 서로 다른 저장 기술을 조합하면, 데이터의 안정성과 접근성을 동시에 확보할 수 있다.

저장된 원시 데이터는 곧바로 분석에 사용할 수 없다. 먼저 전처리라는 정제 과정을 거쳐야 한다. 판다스(Pandas)와 넘파이(NumPy)는 테이블 형태 데이터를 다루는 표준 라이브러리로, 결측치를 채우고 중복을 제거하며 이상치를 탐지한다. 더 복잡한 클렌징이 필요할 때는 오픈리파인(OpenRefine) 같은 GUI 도구가 패턴과 일괄 수정을 돕고, 사이킷런(Scikit-learn)의 전처리 모듈은 정규화 · 스케일링 · 인코딩을 한 줄의 코드로 끝내준다. 정제 작업은 번거롭지만, 이 단계의 품질이 전체 분석 결과를 좌우한다는 점에서 결코 소홀히 할 수 없는 절차다.

정제된 데이터가 준비되면 비로소 분석 단계가 시작된다. 머신러닝 알고리즘을 빠르게 시험해 볼 때는 사이킷런(Scikit-learn)이, 데이터 규모가 커지거나 복잡한 특성(텍스트 · 이미지 · 시계열)을 다뤄야 하는 딥러닝 알고리즘일 때는 텐서플로(TensorFlow)와 파이토치(PyTorch)가 강력한 도구가 된다. 분석 단계의 목표는 하나다. 수많은 숫자 속에 숨어 있는 패턴, 상관관계, 추세를 발견해 앞으로의 의사 결정에 쓸 만한 통찰로 승화시키는 것이다.

다음으로 데이터 시각화는 분석 과정을 통해 도출한 수치를 '한눈에 읽히는 그림'으로 바꾸어 준다. 인간의 뇌는 숫자보다 이미지에서 패턴을 훨씬 빠르게 감지한다. 따라서 시각화는 통찰을 발견하는 도구이자, 메시지를 설득력 있게 전달하는 의사소통 수단으로 기능한다. 시각화에 활용되는 도구는 성격과 용도에 따라 세 갈래로 나뉜다.

첫째, 파이썬 기반 라이브러리는 코드 한 줄로 세밀한 제어가 가능해 재현성과 자동화에 강점을 보인다. 맷플롯립(Matplotlib)은 학술 논문용 그래프와 배치 리포트를 동시에 만족시키며, 시본(Seaborn)은 통계 기반 시각화를 간결하게 구현할 수 있어 상관관계, 분포, 회귀 분석 등 탐색적 분석에 유용하다. 또한, 플롯리(Plotly)와 알테어(Altair)는 반응형 · 인터랙티브 시각화를 손쉽게 구현해 웹 대시보드나 프레젠테이션에 적합하다. 둘째, 비즈니스 인텔리전스(BI) 플랫폼인 태블로(Tableau)와 파워BI(Power BI)는 데이터를 끌어다 놓기만 해도 대시보드가 완성되는 직관적 인터페이스를 제공한다. 셋째, 클라우드 네이티브 대시보드 도구인 루커(Looker)와 아마존 퀵사이트(QuickSight)는 데이터 저장소와 직접 연동되어 수천 명 규모 조직도 동일한 실시간 지표를 공유할 수 있다.

시각화 단계를 넘어서면 데이터 해석이 이뤄진다. 시각화가 암시하는 인과와 상관, 그 안에 숨어 있는 비즈니스 · 사회적 함의를 읽어 내야 진정한 가치가 완성된다. 특히 AI 모델을 운용할 때는 "모델이 왜 그런 판단을 내렸는가?"에 대한 설명 가능성(Explainability)이 핵심이다. 해석 단계는 데이터를 스토리텔링화함으로써 전략 · 정책 · 서비스로 연결하는 마무리이자, AI 시스템에 신뢰를 부여하는 필수 절차다.

마지막 단계는 윤리적 판단이다. AI가 내놓은 결과가 실제 세계에 미치는 영향, 그 과정에서 발생할 수 있는 편향 · 차별 · 사생활 침해를 점검하고 조정하는 단계다. IBM의 AI 페어니스 360(AI Fairness 360)은 알고리즘 편향을 측정 · 시정하는 지표와 기법을 제공하며, 마이크로소프트 페어런(Microsoft Fairlearn)은 모델 학습 과정 자체에 공정성 제약을 반영할 수 있게 돕는다. 구글 모델 카드(Google Model Cards)는 모델의 의도 · 범위 · 제약을 문서로 만들어 투명성을 높이고, 차등 프라이버시(Differential Privacy) 라이브러리는 데이터 소유자의 신원을 보호한 채 통계적 분석을 가능하게 만든다. 윤리적 판단은 사회적 책무 · 법적 책임과 맞닿아 있으므로, AI 리터러시의 완결판이라 할 수 있다.

이처럼 데이터 생애 주기의 각 단계는 AI 시스템의 전 과정과 직결된 실천적 활동이며, 단계별로 적절한 도구 선택과 기술 습득이 AI 리터러시 심화의 핵심이다. 특히 교육 현장에서는 이 데이터 생애 주기를 학습 흐름으로 재구성하여 학생들이 데이터로 사고하고, AI로 문제를 해결하며, 윤리적 판단을 실천할 수 있는 능력을 체득할 수 있도록 해야 한다.

초등 교실의 머신러닝 학습 활동

머신러닝은 컴퓨터가 명시적인 프로그래밍 없이 데이터를 통해 스스로 학습하고, 경험을 바탕으로 성능을 향상하는 AI의 핵심 기술이다(Touretzky et al., 2022). 그러나 초등학생에게 이러한 개념을 전달하기 위해서는 정의나 설명뿐만 아니라 놀이, 스토리텔링, 문제 해결 중심의 체험 활동을 통해 개념을 직관적으로 익히게 하는 것이 중요하다.

미국 컴퓨터과학교육협회(CSTA)와 인공지능진흥협회(AAAI)가 공동 운영하는 AI 교육 프로젝트 AI4K12가 제시한 AI의 5대 핵심 개념은 초등 교실에서 머신러닝을 포함한 AI 개념을 통합적으로 가르치는 데 유용한 교육 체계다.

이 개념은 지각(Perception, AI가 주변 세계로부터 데이터를 수집하는 방법), 표상과 추론(Representation & Reasoning, 수집된 정보를 구조화하고 논리적으로 사고하는 방법), 학습(Learning, 머신러닝을 통해 AI가 데이터를 기반으로 경험을 학습하고 개선하는 방법), 자연스러운 상호작용(Natural Interaction, 인간과 AI 간의 대화, 음성 명령, 감정 인식 등), 사회적 영향(Societal Impact, AI 기술이 사회, 윤리, 경제, 문화에 미치는 영향)의 다섯 가지로 구성되며, 이 가운데 '학습(Learning)'은 머신러닝과 직접적으로 관련된다(Touretzky et al., 2022).

실제 수업에서는 게임 기반 시나리오, 비유 중심 활동, 학생 주도 프로젝트가 활용된다. 예를 들어, 학생들은 '샌드위치 만들기 로봇'을 위한 단계별 명령을 구성해 보면서 알고리즘적 사고와 훈련-테스트 구조를 자연스럽게 익힌다(Ma et al., 2023). 또한 MIT에서 개발한 어린이용 블록 기반 프로그래밍 언어 스크래치(Scratch)나 구글에서 개발한 초보자용 머신러닝 도구인 티처블 머신(Teachable Machine) 같은 플랫폼을 활용하면 학생들은 직접 데이터를 수집하고 AI 모델을 훈련하며 머신러닝의 원리를 탐구할 수 있다(Druga et al., 2021).

이러한 교육은 디자인 중심 교수법의 실제 수업 설계를 보여 준다. 이 접근법은 참여적 학습, 기술 인프라, 공동 개발을 기반으로 하며, 학생이 공동 창작자로서 머신러닝 모델을 직접 기획하고 프로토타입을 만들어 가는 과정을 중심에 둔다(Sanusi et al., 2023). 학생들은 AI가 주어진 데이터를 바탕으로 규칙을 스스로 학습하는 원리를 체험하며, 이 과정에서 패턴 인식, 예측 가능성, 불확실성의 개념을 자연스럽게 익히게 된다. 이러한 접근은 학생들에게 데이터 중심 사고력, 협업 능력, 사회적 책임감을 동시에 길러 주며, AI를 사고의 도구이자 학습의 파트너로 인식하게 만드는 교육적 전환을 가능케 한다.

특히 AI가 잘못된 판단이나 예측을 내리는 사례는 중요한 교육 기회가 된다. 예를 들어, 특정 이미지를 잘못 분류하거나 편향된 결과를 도출하는 상황을 마주할 때, 교사는 이를 훈련 데이터의 부족, 불균형, 혹은 편향된 특성 때문일 수 있다는 점을 설명할 수 있다. 이로써 학생들은 데이터의 품질과 다양성, 알고리즘이 공정하게 작동하기 위한 조건들에 대해 비판적으로 성찰할 수 있게 된다(Sanusi et al., 2023).

초등 교실의 머신러닝 학습 활동은 정답을 가르치는 수업이 아니라 AI가 어떻게 배우는지, 왜 때로는 잘못 배우는지를 함께 탐구하고 성찰하는 수업이 되어야 한다. 학생 주도 프로젝트, 게임화된 시뮬레이션, 시각화 도구를 활용한 체험 중심 활동은 학생들이 AI와 함께 살아갈 준비된 시민으로 성장하는 데 중요한 기반이 된다. AI를 기술이 아닌 학습의 동반자, 사고의 촉진자로 인식하는 교육적 전환이기도 하다.

참고문헌

Druga, S., et al.(2021). Supporting upper elementary students in learning AI concepts with story-driven game-based learning. In *Proceedings of the 2021 CHI Conference on Human Factors in Computing Systems.* https://doi.org/10.1145/3411764.3445259

Forero-Corba, W., & Negre Bennasar, F.(2024). Techniques and applications of machine learning and artificial intelligence in education: A systematic review. *RIED-Revista Iberoamericana de Educacion a Distancia*, 27(1), 209-253.

Friedrich, A., et al.(2024). What shapes statistical and data literacy research in K-12 STEM education? A systematic review of metrics and instructional strategies. *International Journal of STEM Education*, 11(58).

Kreinsen, M., & Schulz, S.(2023). Towards the triad of digital literacy, data literacy and AI literacy in teacher education – A discussion in light of the accessibility of novel generative AI [Position paper]. OSF Preprints.

Ma, R., et al.(2023). Developing machine learning algorithm literacy with novel plugged and unplugged approaches. In *Proceedings of the 54th ACM Technical Symposium on Computer Science Education* (SIGCSE '23).

Morales-Navarro, L., & Kafai, Y. B.(2024). Unpacking approaches to learning and teaching machine learning in K-12 education: Transparency, ethics, and design activities. In *Proceedings of the 19th WiPSCE Conference on Primary and Secondary Computing Education Research* (WiPSCE '24) (pp. 1-11). ACM. https://doi.org/10.1145/3677619.3678117

Olari, V., & Romeike, R.(2021). Addressing AI and data literacy in teacher education: A review of existing educational frameworks. In *Proceedings of the 16th Workshop in Primary and Secondary Computing Education* (WiPSCE '21) (pp. 1-2). ACM.

Sanusi, I. T., et al.(2023). Preparing middle schoolers for a machine learning-enabled future through design-oriented pedagogy. *IEEE Access*, 11, 39775-39790.

Schuller, K.(2022). Data and AI literacy for everyone. *Statistical Journal of the IAOS*, 38(2), 477-490.

Touretzky, D. S., et al.(2022). Machine learning and the five big ideas in AI. *International Journal of Artificial Intelligence in Education*, 33(1), 233-266. https://doi.org/10.1007/s40593-021-00263-4

04
놀이 중심의 AI 학습

초등학교 AI 교육에서 놀이 활동의 교육적 가치와 게임화 전략의 효과를 조명한다. 어린이들이 AI 개념을 자연스럽고 흥미롭게 이해하도록 돕기 위해 놀이 기반 접근은 추상적 개념을 구체적인 경험으로 연결하는 매개체가 된다.

AI와 사주?

초등 AI 학습에서 놀이의 가치

AI는 점점 더 많은 사람의 일상에 자연스럽게 스며들고 있으며, 이에 따라 AI에 대한 조기 교육의 필요성이 커지고 있다. 특히 초등학생 시기는 인지적 · 정서적 발달이 활발하게 이루어지는 시기로, 학습의 방식과 내용 면에서 발달 특성을 반영한 교육 설계가 필요하다. 이 시기 학습자에게 AI의 복잡한 원리를 이해시키기 위해서는 추상적인 개념을 구체적이고 친숙한 경험으로 연결해 주는 '놀이 기반 학습'이 효과적인 대안으로 떠오르고 있다(Gennari et al., 2023).

놀이 기반 AI 학습은 단순한 오락 활동이 아니라 학생이 즐겁고 몰입된 상태에서 AI의 핵심 원리라고 할 수 있는 머신러닝, 분류, 예측, 알고리즘을 자연스럽게 체험하고 탐색할 수 있도록 설계된 교육적 도구다. 이를 통해 AI가 '어떻게 학습하고 판단하는지'를 직접적인 경험을 통해 이해하며, 동시에 창의력, 협업 능력, 문제 해결력을 키울 수 있다. 더 나아가 데이터 활용과 알고리즘의 의사 결정 구조를 이해함으로써 비판적 사고력과 윤리적 감수성을 기를 수 있다는 점에서 교육적 의의가 크다.

놀이 기반 AI 학습의 가장 큰 장점은 흥미 유발과 몰입이다. 제나리 외(Gennari et al., 2023)의 체계적 문헌 고

찰에 따르면 디지털 시뮬레이션, 언플러그드(unplugged) 놀이, 혼합형 개발 환경 등의 다양한 형태의 놀이 기반 AI 교육 활동이 초등교육 현장에서 실제로 적용되고 있으며, 이들 접근 방식은 학생의 참여도, 개념 이해, 지속적 학습 동기 향상에 실질적인 기여를 하고 있다. 특히 언플러그드 활동은 컴퓨터나 인터넷 없이도 알고리즘과 의사 결정 과정을 놀이로 재현함으로써 디지털 접근성 문제를 보완하는 데에도 유용하다.

이러한 실천 사례 중 대표적인 것은 AI4K12 교육 체계를 기반으로 한 교육 설계다. AI4K12는 미국 컴퓨터과학교육협회(Computer Science Teachers Association, CSTA)와 인공지능진흥협회(Association for the Advancement of Artificial Intelligence, AAAI)가 공동 개발한 인공지능 교육 로드맵으로, K-12(유치원~고등학교) 학생을 대상으로 AI 교육의 방향성과 내용을 제시한다. 이 교육 체계는 AI의 복잡한 내용을 아동 발달 단계에 맞게 교육하기 위해 지각, 표상과 추론, 학습, 자연스러운 상호작용, 사회적 영향 등의 5대 핵심 개념을 중심으로 구성되어 있다.

이 교육 체계는 연령대별 학습 목표를 명확히 제시하고 있으며, 특히 초등학생 수준에서는 놀이 기반 체험 활동이나 블록형 코딩 도구(Scratch, Teachable Machine)를 통해 이 개념들을 직관적으로 경험할 수 있도록 설계되었다. 예컨대 '지각' 개념은 이미지 인식 놀이를 통해, '학습' 개념은 스스로 데이터를 모으고 분류해 보는 활동을 통해 자연스럽게 체득할 수 있다.

예를 들어, 이란카 외(Irankhah et al., 2025)는 틱택토(Tic-Tac-Toe) 게임을 활용한 AI 학습 사례를 통해 학생들이 AI의 전략적 사고 과정을 관찰하고 직접 대응하면서 핵심 개념을 자연스럽게 체화하는 과정을 분석하였다. 틱택토는 3×3 격자판에서 두 명의 사용자가 번갈아 X와 O를 표시해 가로, 세로 또는 대각선으로 세 개를 먼저 연결하는 쪽이 승리하는 간단한 규칙의 게임으로, 초등학생도 손쉽게 접근할 수 있다는 장점이 있다. 겉보기엔 단순하지만, 모든 가능한 수를 계산하고 최적의 선택을 반복적으로 모색해야 하는 전략 게임으로서 AI의 의사결정 알고리즘을 직관적으로 구현 · 탐색할 수 있는 유용한 도구다.

이 연구에서 학생들은 반복적인 게임 플레이를 통해 AI 전략 탐색과 패턴 인식 학습 등의 작동 원리를 직접 탐색했으며, 승패의 결과를 통해 학습 내용을 실시간으로 피드백받는 경험을 했다. 특히 AI가 선택하는 전략의 규칙성과 변화 양상을 관찰하면서 추상적인 알고리즘 개념이 구체적 행동과 결과로 연결되는 과정을 체험하게 되었고, 이는 AI의 사고 구조를 학습자 수준에서 눈에 보이게 만들었다는 점에서 교육적 의의가 크다.

이처럼 놀이 기반 학습은 초등학생의 흥미 유발을 통해 AI 역량 향상에 실질적으로 기여할 수 있다. 옥타비아네와 사르지조(Oktaviane & Sardjijo, 2024)의 초등교육 실증 연구에 따르면, AI 기반 디지털 학습 도구를 활용한 수업은 학생들의 창의성, 몰입도, 협동 학습 역량을 유의미하게 향상하는데, 여기에는 교사의 디지털 교육 설계 역량도 큰 영향을 미치는 변수로 작용한다. 이 연구는 AI 도구가 교사의 교육 역량과 맞물려야 효과를 극대화할 수 있음을 시사하며, 교사와 학생의 상호작용 구조 속에서 놀이 기반 AI 활동의 학습 효과가 강화된다는 점을 강조한다.

초등 AI 교육에서 놀이의 가치는 수업 보조 수단을 넘어서는 전략적 교육 장치로 재인식되어야 한다. 놀이 활동은 학생들에게 AI의 기술적 구조를 체험적으로 학습하게 하는 동시에, 윤리적 판단, 창의적 문제 해결, 협력적 탐구를 유도하는 통합형 학습 경로를 제공한다. 특히 이 과정에서 학생들은 AI가 '어떻게 판단하고 결정하는지'뿐만 아니라, '왜 그런 판단이 이루어지는지', '그 결정이 사회에 어떤 영향을 미칠 수 있는지'를 사고하게 된다. 비판적 사고와 시민적 성찰의 출발점이 바로 '놀이'일 수 있다.

게임화된 AI 교육

AI 교육이 초등 교육과정에 점차 도입되면서 기존 지식 전달 중심 방식에서 벗어나 학습자의 몰입과 참여를 끌어낼 수 있는 새로운 접근 방식이 요구되고 있다. 이 가운데 '게임화된 교육(Gamified Learning)'은 학습자의 자율성과 동기를 증진하는 효과적인 방법으로 주목받고 있으며, AI 교육에서도 그 가능성이 활발히 탐색되고 있다.

게임화된 AI 교육이란, 게임의 구조와 요소를 활용해 AI 핵심 개념을 학습하도록 설계된 교육 방법을 의미한다. 이는 전통적인 교육 콘텐츠에 게임의 몰입감, 도전 과제, 피드백 구조 등을 적용하거나, 자체적으로 게임을 중심으로 구성된 학습 환경을 말한다. 특히 디지털 게임은 학생들에게 익숙한 매체이며, 상호작용성과 즉각적인 피드백이라는 특징을 통해 학습자 중심의 AI 학습을 유도하는 데 적합하다(McLaren & Nguyen, 2023).

실제로 다양한 사례들은 게임 기반 AI 교육이 학습 효과와 학생 참여도 모두에서 긍정적인 결과를 가져왔음을 보여 준다. 대표적으로 굽타 외(Gupta et al., 2024)는 스토리 기반 게임형 학습을 통해 초등 고학년 학생들에게 AI 개념을 효과적으로 전달하고, '사용-수정-창조(Use-Modify-Create)'라는 3단계 활동 구조를 통해 점진적인 개념 내면화를 유도했다. 학생들은 게임 속에서 멸종 위기에 처한 펭귄을 구조하기 위한 AI 계획 문제를 해결하며, 기획 · 수정 · 생성 과정을 경험함으로써 AI 시스템이 어떻게 작동하는지를 자연스럽게 익혔다.

이와 함께 마하라니와 아이니(Maharani & Aeni, 2024)는 전통 보드게임인 '뱀과 사다리(Snakes and Ladders)'를 AI 기반 학습 미디어로 재구성하여, 초등학생의 사회교과 학습 성취도를 향상하는 효과를 실증적으로 입증했다. 이들은 학생이 올바른 판단을 할 경우 사다리를 타고 올라가고, 잘못 선택하면 뱀을 타고 내려가는 방식으로 학습의 동기를 유도했다.

한편, 자밋 외(Zammit et al., 2021)는 AI 개념과 윤리 문제를 탐색할 수 있도록 설계된 웹 기반 게임 '아트봇(ArtBot)'을 개발했다. 이 게임은 두 단계로 구성되는데, 첫 단계 미니게임은 이미지 분류 훈련을 통해 AI의 지도 학습(supervised learning) 개념을 체험하게 하고, 두 번째 단계에서는 경로 탐색 알고리즘을 활용한 강화 학습(reinforcement learning)을 시뮬레이션한다. 학생들은 이러한 게임 과정을 통해 AI가 데이터를 어떻게 해석하고 학습하며 행동 전략을 조정하는지를 직접적으로 경험한다.

이 사례는 공통으로 게임이라는 구조를 포함해 흥미와 경쟁심을 자극하는 동시에 피드백-조정-반복이라는 학습 메커니즘을 자연스럽게 내재화하게 함으로써 AI 개념에 대한 체화된 이해와 비판적 시민 역량의 성장을 함께 가능케 한다. 초등교육 수준에서도 AI 리터러시 교육이 기술적 숙련, 개념적 이해, 윤리적 성찰로 이어지는 통합적 접근이 가능함을 보여 주는 실증적 근거라 할 수 있다.

AI 교육에서 게임화된 접근이 갖는 핵심 강점은 크게 세 가지로 정리할 수 있다. 첫째, 학습자 중심의 몰입 구조를 제공한다. 게임은 학습자가 자발적으로 문제를 탐색하고 해결하며 피드백을 통해 학습을 강화하는 구조를 갖추고 있다.

둘째, AI 개념을 상황 맥락 안에서 경험하게 한다. 게임 속 시나리오는 데이터가 흐르는 여섯 단계인 데이터 수집과 저장, 분석에 적합한 형태로 정리하는 전처리, 분석 및 특성 추출, 알고리즘을 적용한 데이터 모델링, 의사 결정 과정을 스토리나 규칙과 결합하여 추상적 개념을 구체적 활동으로 전환한다. 이러한 일련의 데이터 사이클은 학생들에게 'AI가 어떻게 작동하는가?'에 대한 통합적이고 구조적인 이해를 제공한다.

셋째, 비판적 사고와 윤리적 성찰을 유도한다. 단순한 기술 숙련을 넘어서 AI 기술이 갖는 사회적 영향과 책임의 문제를 시뮬레이션할 수 있는 도구로 활용된다(Ali et al., 2023). 이러한 경험은 학생들로 하여금 AI 시스템이 인간의 가치와 선택이 반영된 사회적 구성물임을 인식하게 하며, 기술을 비판적으로 수용하고 책임 있게 활용하는 디지털 시민성을 함양하는 데 기여한다.

또한 최근에는 디지털 기반 게임뿐 아니라 컴퓨터를 사용하지 않는 '언플러그드 AI 게임'도 주목받고 있다. 예를 들어, 임 외(Lim et al., 2024)는 '얼굴 인식 게임'을 개발해 AI의 표현과 추론 개념을 오프라인 보드게임을 통해 체험하도록 했다. 이 게임은 컴퓨터 없이도 AI 개념을 물리적으로 시각화하고 상호작용을 할 수 있도록 하여, 교육 환경의 접근성과 확장 가능성을 높이는 사례로 평가된다.

게임화된 AI 교육은 AI 개념의 효과적인 전달과 함께 학습자 주도성, 창의적 문제 해결력, 비판적 시민의식까지 포괄하는 통합적 교육 전략으로 진화하고 있다. 특히 초등교육 현장에서 AI를 생활과 사회 속 맥락에서 경험하게 할 수 있는 매개체로서 게임의 교육적 가능성은 더욱 확대될 것으로 기대된다.

교실 적용 놀이 활동 설계

AI 교육이 초등 교실에 실질적으로 뿌리내리기 위해서는 학생들이 몸과 마음으로 참여하며 의미를 구성할 수 있는 놀이 기반 활동이 설계되어야 한다. 초등학교 수준의 AI 교육은 학생 스스로 데이터와 의사 결정의 의미를 탐색하고, AI 기술이 작동하는 원리를 체험하며, 나아가 사회적 영향에 대해 성찰하는 전인적 학습의 장이 된다. 초등학교 교실에서 적용 가능한 AI 놀이 활동들은 모두 학생들의 인지적 참여뿐 아니라 정서적 몰입, 사회적 상호작용까지 유도하는 통합형 수업으로 구성되어 있다.

AI 기술이 실제 사회에서 갖는 윤리적 문제를 탐구하기 위해 시나리오 기반 카드 게임이 효과적으로 활용된 사례가 있다(Ali et al., 2023). 이 활동은 초등학생들이 일상 속 AI 기술이 야기할 수 있는 다양한 사회적 · 윤리적 문제를 직접 토론하고 선택하는 과정을 통해 기술적 판단과 윤리적 판단이 일치하지 않을 수 있음을 체험하도록 설계되었다. 이를 통해 학생들은 AI를 사회적 구성물로 인식하고, 비판적 사고력과 협력적 토론 능력을 기를 수 있다.

초등학생이 쉽게 접근할 수 있는 놀이형 체험 중 하나는 지식망(Knowledge Net) 활동이다(Long et al., 2023). 학습 목표는 개념 간 관계 학습, AI의 정보 추론 방식 이해이며, 타일 퍼즐, 화살표 연결, 챗봇 응답 예측 게임 등의 놀이 요소가 있다. 지식망 활동 상자는 가족, 동물, 악기 등 일상 개념이 적힌 타일과 관계 화살표를 조립해 의미망을 구성하는 놀이로서, 학생은 타일을 연결하면서 개념 간의 관계를 시각화하고 이를 기반으로 AI의 지식 표상과 추론 방식을 이해하게 된다.

또 다른 분류 알고리즘 놀이(Creature Features)는 머신러닝의 분류 알고리즘 개념을 쉽고 재미있게 체험할 수 있도록 설계된 게임 기반 활동이다(Long et al., 2023). 학생들은 다양한 생물 카드의 특징을 관찰하고, '가중치 토큰'을 활용해 분류 기준을 조정하며, 분류 과정에서 발생하는 오류나 편향을 발견하고 개선해 나가는 과정을 경험한다. 이는 실제 머신러닝 모델의 학습과 피드백 구조를 놀이로 단순화한 사례라 할 수 있다.

챗봇 시나리오 게임은 자연어 처리(NLP)의 기초 구조를 이해할 수 있도록 구성된 활동이다(Song et al., 2024). 학생들이 챗봇의 작동 원리를 직접 구성하는 대화형 AI 언플러그드 활동 설계를 하는 수업으로, 자연어 처리의 기본 개념인 '의도(intent)'와 '응답(response)' 구조를 중심으로 구성된다. 중등 맥락에서 검증된 사례이지만 초등 교육으로 확장할 수 있다. 이러한 활동은 대화 시나리오를 창작하고 발표 · 피드백하는 과정으로 확장될 수 있으며, 이를 통해 학생들은 컴퓨터 없이도 언어 기반 AI의 구조를 직관적으로 이해할 수 있다.

창의적 신체 표현 기반 루민 AI(Lumin AI)는 학생들이 AI 시스템과 신체 움직임을 통해 상호작용을 하는 체험형 놀이다(Long et al., 2021). "움직임에 반응하는 AI 친구, 루민 AI와 춤추기"라는 활동에서 학생은 가상의 AI 댄스 파트너와 함께 춤을 추며, AI가 사람의 동작을 어떻게 모방하거나 변형하는지를 관찰하고 탐색한다. AI는 사용자의 움직임을 감지해 세 가지 방식으로 반응하는데, 첫째는 즉시 따라 하는 '모방(imitation)', 둘째는 본 동작을 창의적으로 재구성하는 '변형(transformation)', 셋째는 이전 동작을 기억해 재현하는 '기억 호출(recall)'

방식으로 반응하는 과정을 관찰한다. 이를 통해 학습자는 머신러닝의 군집화 개념을 시각적으로 경험하고, 비언어적 상호작용을 통해 AI의 의사 결정 과정을 탐색하며, AI의 창의적 응용 가능성까지 성찰할 수 있다.

참고문헌

Ali, S., et al.(2023). AI audit: A card game to reflect on everyday AI systems. In *Proceedings of the Thirty-Seventh AAAI Conference on Artificial Intelligence* (AAAI-23). Association for the Advancement of Artificial Intelligence.

Gennari, R., et al.(2023). How to playfully teach AI to young learners: A systematic literature review. In *Proceedings of the 15th Biannual Conference of the Italian SIGCHI Chapter* (CHItaly 2023) (pp. 1-9). ACM.

Gupta, A., et al.(2024). Supporting upper elementary students in learning AI concepts with story-driven game-based learning. In P*roceedings of the Thirty-Eighth AAAI Conference on Artificial Intelligence* (AAAI-24). Association for the Advancement of Artificial Intelligence.

Irankhah, E., et al.(2025). Interactive AI learning through game play: Engaging K-8 students with Tic-Tac-Toe AI game. In *Proceedings of the 2025 ASEE Northeast Section Conference*, University of Bridgeport, CT, USA.

Lim, H., et al.(2024). Unplugged K-12 AI learning: Exploring representation and reasoning with a facial recognition game. In *Proceedings of the Thirty-Eighth AAAI Conference on*

Artificial Intelligence (AAAI–24). Association for the Advancement of Artificial Intelligence.

Long, D., et al.(2021). *The role of collaboration, creativity, and embodiment in AI learning experiences.* Creativity & Cognition 2021 Georgia Institute of Technology, Expressive Machinery Lab.

Long, D., et al.(2023). *Fostering AI literacy with embodiment & creativity: From activity boxes to museum exhibits.* Georgia Institute of Technology.

Maharani, M. P., & Aeni, K.(2024). Artificial intelligence–based snakes and ladders game media to improve the learning outcome of elementary school students. *Journal of Educational Research and Evaluation*, 8(4), 664–674.

McLaren, B. M., & Nguyen, H. A.(2023). Digital learning games in artificial intelligence in education (AIED): A review. In M. N. Giannakos et al.(Eds.), *Handbook of Artificial Intelligence in Education* (pp. 440–460). Edward Elgar Publishing.

Oktaviane, Y., & Sardjijo, S.(2024). Integration of digital tools in primary education: A case study on the impact of interactive learning platforms using artificial intelligence. Forum for University Scholars in Interdisciplinary Opportunities and Networking, Graduate School, Universitas Terbuka.

Song, Y., et al.(2024). Artificial intelligence unplugged: Designing unplugged activities for a conversational AI summer camp. In *Proceedings of the 55th ACM Technical Symposium on Computer Science Education* (SIGCSE 2024) (pp. 1272–1278). ACM

Zammit, M., et al.(2023). The road to AI literacy education: From pedagogical needs to tangible game design. Proceedings of the LearnML Erasmus+ Project.

05
AI 기반 창의성 교육

학생의 창의적 사고와 문제 해결 능력을 촉진하는 교육적 도구로서 AI의 가능성을 탐색한다. AI는 학습자의 아이디어를 시각화하고, 문제 상황에 대한 다양한 해결안을 제시하며, 협력적 프로젝트를 통해 창의성과 협업 능력을 동시에 향상할 수 있다.

AI와 아이돌?

AI를 활용한 창의성 계발

AI는 창의적 표현과 상상력을 자극하는 교육 매개체로 점차 확장되고 있다. 특히 초등교육에서 AI는 학생이 기존 지식과 경험을 재조합하거나 새로운 아이디어를 탐색하는 데 창의적 촉진제가 된다. AI는 학생과 상호작용을 하면서 새로운 형태의 문제를 제시하고, 그에 대한 다양한 해결 방식을 탐색하도록 유도함으로써 기계와 인간의 협력적 사고 구조를 가능하게 한다.

창의성(creativity)은 개인의 지식과 경험을 바탕으로 새롭고 의미 있는 아이디어나 산출물을 만들어 내는 인지적, 정서적, 사회적 역량의 결합으로 정의된다. 롱 외(Long et al., 2021)는 창의성을 "개인적으로 새로운 산출물을 생성하는 활동(P-creative production)"이라 설명했고, 카힐라 외(Kahila et al., 2024)는 창의성을 '새로운 시각에서 문제를 바라보고 해결을 시도하는 능력'으로 정의하며, AI와 함께하는 수업은 이를 촉진하는 실천적 장치가 될 수 있음을 강조한다.

중요한 점은 창의성은 선천적으로 정해진 재능이 아니라 환경과 교육적 경험을 통해 충분히 계발 가능한 역량이라는 것이다. 특히 초등 시기는 창의성을 기르기에 가장 결정적인 시기로 여겨진다. 장 피아제(Jean Piaget)

가 말한 구체적 조작기(7~11세)에 해당하는 이 시기의 아동은 직접적인 조작과 경험을 통해 사고를 확장하고, 논리적 사고와 상상력을 동시에 발달시킬 수 있다(Woolfolk, 2019).

이 시기의 창의성 교육은 "틀려도 괜찮아"라는 심리적 안전감을 바탕으로 자유롭게 시도하고 실패를 반복할 수 있는 탐구 환경을 제공하는 것이 핵심이다. 아이들은 호기심에서 출발하여 질문을 만들고, 그것을 다양한 방식으로 표현하며 자신만의 의미 있는 해석을 시도한다. 이러한 과정은 이야기 만들기, 드로잉, 신체 활동 등 다양한 표현 경로를 통해 구체화하며, 그 자체가 창의성 발달의 과정이 된다.

따라서 AI와 같은 상호작용이 가능한 도구는 이러한 표현의 폭을 넓히고, 학생 개개인이 사고하는 방식과 감정을 반영해 더 풍부한 창의적 경험을 가능하게 한다. AI는 학생이 문제에 답하기만 하는 것이 아니라, 함께 문제를 제기하고 해석하며 창의적으로 확장해 나갈 수 있게 하는 '학습 동료'로서의 가능성을 지닌다.

최근의 다양한 연구는 AI가 학생의 창의적 사고를 촉진하고, 개인의 표현 능력을 확장하는 데 긍정적인 역할을 한다는 사실을 입증하고 있다. 윌리엄스 외(Williams et al., 2024)의 연구는 이러한 논의를 구체화한 사례 중 하나다. 이들은 K-12 학습자를 대상으로 AI 교육용 로봇 '두들봇(Doodlebot)'을 개발했다. 이를 통해 학생들은 AI의 인식, 표현, 추론, 생성 능력을 경험했다. 특히 두들봇은 감정 표현, 창의적 드로잉, 대화형 시나리오 구성 등 다양한 활동을 통해 학생의 창의성과 AI 리터러시를 동시에 함양하는 교육적 효과를 확인할 수 있었다.

또한 송 외(Song et al., 2024)는 생성형 AI를 활용한 수학 창의적 글쓰기 프로젝트를 통해 학생들이 수학 개념을 내러티브 방식으로 풀어내는 과정을 통해 표현력과 개념 이해도가 동시에 향상될 수 있음을 확인했다. 이 연구는 AI와의 협업을 통해 질문 생성, 개념 설명, 문제 구조화 등 창의적 사고 과정을 구체화한 점에서 의미가 깊다.

이러한 연구들은 AI 교육이 창의성 계발을 위한 교육적 환경으로 진화하고 있음을 잘 보여 준다. 예컨대 AI 교육으로서 AI와의 협업, 분류 알고리즘 실험, 신체 표현 기반 드로잉 등 다양한 창의 학습을 구성할 수 있음을 제안했다(Long et al., 2021). 또한 초등학생들이 직접 그림을 완성하는 AI 도구를 활용하여, AI의 창의 생성 과정을 체험하고 그 한계를 탐색하는 교육 사례도 소개되었다(Lee et al., 2023). 이 과정을 통해 학생은 AI의 창작 알고리즘을 추론하고 창작 과정에 적극적으로 참여함으로써, 창의적 사고와 AI 이해를 융합한 학습 경험을 할 수 있다. 이와 같이 AI를 활용한 창의성 계발은 언어, 수학, 예술, 신체 표현 등 다양한 영역에서 융합적으로 실현될 수 있으며, 핵심은 학생의 자발적 상호작용을 유도하는 활동 설계에 있다.

이제 창의성은 예체능 활동에서만 필요한 능력이 아니라, AI 리터러시와 함께 학습 전반에서 중요한 역량으로 자리 잡고 있다. 이는 미래 사회가 요구하는 역량 중심 교육의 방향성과도 맞닿아 있으며, 교과 전반에 걸쳐 창의성과 AI 이해를 통합하는 교육 설계의 방향성을 시사한다.

AI를 활용한 문제 해결 학습

AI 교육은 실제 삶의 문제를 정의하고 해결하는 역량을 기르는 방향으로 확장되고 있다. 특히 AI를 활용한 문제 해결 학습(problem-solving with AI)은 문제를 다양한 관점에서 탐색하고, 창의적이고 효율적인 해결 전략을 도출하는 사고 훈련의 과정이다. 이는 학생이 AI를 '문제 해결의 파트너'로 인식하게 하며, 일상적 맥락 속에서 기술의 의미를 재해석하는 중요한 학습 경험을 제공한다.

초등학생의 경우, 이러한 학습 경험은 추상적인 AI 기술 개념을 자신이 마주하는 구체적인 상황과 연결하는 계기가 되며, 미래 사회가 요구하는 융합적 사고, 디지털 활용 능력, 창의적 문제 해결력의 기초를 형성한다. 따라서 AI를 활용한 문제 해결 학습은 단순한 정보 주입식 교육에서 탐구 기반, 표현 중심, 협력적 탐색을 동반하는 창의 역량 중심의 교육적 접근으로 전환되고 있다.

AI 문제 해결 학습의 가장 큰 교육적 의의는 학습자가 스스로 문제를 정의하고, 알고리즘적 사고를 바탕으로 문제 해결 경로를 설계하며, 결과를 분석하고 재설계하는 전 과정을 주도적으로 경험한다는 점에 있다. 최근에는 문제를 주는 교육에서 문제를 만드는 교육으로의 전환, 즉 '문제 생성 기반 학습(problem-posing-based learning)'이 주목받고 있다. 미슈라와 아이여르(Mishra & Iyer, 2015)의 연구에 따르면 학생이 스스로 만든 질문은 개인적 관심과 문제의식에 뿌리를 둔 분석적 사고의 결과물이었다. 문제를 '푸는 것'만큼이나 문제를 '만들어 보는 것'은 학습자의 비판적 사고력, 개념 간 연결 능력, 창의적 전이 능력을 심화하는 핵심 전략이 될 수 있다. 연구에 참여한 학생들은 질문 생성 과정에서 기존 개념을 재조합하고, 새로운 문맥을 구성하며, AI 개념 간의 관계망을 확장하는 고차 사고 과정을 경험했다.

이러한 접근은 초등 AI 교육 현장에도 중요한 시사점을 제공한다. 예를 들어, "AI가 교실에서 어떤 문제를 해결할 수 있을까?"와 같은 개방형 질문을 중심으로, 학생이 스스로 문제를 설정하고 AI 도구를 활용해 해결 방안을 탐색하는 수업을 구성할 수 있다. 이러한 수업은 기술적 이해에 머무르지 않고, 학생의 문제 감지력, 상황 해석력, 창의적 탐색력, 기술 활용 역량을 통합적으로 키우는 기회가 된다. 특히 AI를 활용해 만든 해결 시나리오를 친구들과 공유하고 피드백하는 과정은 협력적 학습과 사회적 의사소통 역량까지 확장할 수 있다.

AI를 활용한 문제 해결 학습은 정답을 찾는 학습을 넘어, 학습자가 문제를 정의하고, 다각도로 탐색하며, 해결 방안을 설계하고, 결과를 재구성하는 '순환적 사고 과정'을 체득하게 하는 교육적 접근이다. 이러한 학습 경험은 초등학생의 사고 폭을 확장할 뿐 아니라 AI를 활용한 창의적 문제 해결자로서의 정체성과 역량 형성에 핵심적인 기초가 된다. 이러한 창의성 중심의 문제 해결 역량을 육성하기 위해 최근 주목받는 접근 중 하나가 바로 디자인 기반 교육 설계(design thinking in education)다. 이 접근은 학생이 실제적이고 의미 있는 문제를 주체적으로 발견하고, 공감과 탐색을 통해 문제를 정의하며, 아이디어를 시각화하고 해결책을 구체화하는 일련의 과정을 통해 창의적 사고력, 협업 능력, 반복적 개선 역량을 함께 기를 수 있도록 설계된다.

카힐라 외(Kahila et al., 2024)는 핀란드의 초등학생을 대상으로 한 연구에서 생성형 AI를 활용한 공동 디자인 워크숍을 진행했다. 이 과정에서 학생들은 텍스트-투-이미지 도구를 사용해 생성된 결과를 관찰하고, 그 과정에서 나타나는 알고리즘 편향을 탐색하며 비판적으로 성찰했다. 이 활동은 AI 리터러시와 윤리적 인식을 동시에 길러 주는 디자인 기반 학습 사례로 평가된다.

이러한 디자인 기반 학습 접근은 초등교육 현장에서도 현실적으로 구현 가능하며, '상상의 도시 만들기' 프로젝트와 같이 학생들이 가상의 도시 문제를 설정하고 AI를 도구로 활용해 해결 방안을 모색하는 수업은 창의적 사고와 문제 해결 역량을 동시에 함양하는 실천적 사례가 될 수 있다. 학생들은 도시의 교통 혼잡 문제를 정의하고, AI 예측 모델을 설계하거나 에너지 효율성 향상을 위한 시뮬레이션 알고리즘을 구성하는 등의 창의적 사고를 실제적 문제 해결 능력으로 확장할 수 있다.

샤이벤추버 외(Scheibenzuber et al., 2021)는 대학생을 대상으로 가짜 뉴스에 대한 비판적 사고력과 디지털 리터러시를 높이는 온라인 문제 기반 학습(Problem-Based Learning, PBL) 과정을 설계 · 분석했다. 학습자들은 뉴스의 출처, 논리 구조, 증거 여부를 기준으로 신뢰도를 평가하는 훈련을 했고, 온라인 토론과 그룹 협업, 학습 저널 작성이 포함되었다. 연구는 PBL 접근이 비판적 사고와 디지털 리터러시 강화에 효과적임을 보여 준다. 이러한 접근은 초등 교육에도 원리를 응용할 수 있는 가능성을 시사한다.

특히 초등학교 맥락에서는 뉴스의 신뢰도나 출처를 직접적으로 분석하기에는 인지적 한계가 있을 수 있다. 그러나 문제 기반 학습(PBL)의 기본 원리(실제적 문제 제시, 협력적 탐구, 자기 성찰을 통한 개념 확장)는 초등 수준에서도 충분히 적용 가능하다. 예를 들어, '가짜 뉴스'를 찾아보는 활동, 지역 사회의 생활 정보를 검토하는 프로젝트는 학생들이 정보의 신뢰성을 판단하는 기초 역량을 기르는 데 유용하다. 이러한 활동은 단순히 정보의 사실 여부를 확인하는 데 그치지 않고, 비판적 질문하기, 협력적 토론하기, 성찰적 글쓰기와 같은 핵심 학습 전략으로 이어질 수 있다. 따라서 이 연구에서 확인된

PBL의 효과는 초등교육 현장에서 뉴스 리터러시와 AI 윤리 교육을 설계하는 데 중요한 이론적 토대를 제공한다.

이러한 사례들은 공통으로 문제 정의, AI 해결 도구 설계, 실행 및 평가, 반성적 성찰이라는 학습 구조를 따르며, 학습자의 주도성과 창의적 사고를 중심에 둔다. 이 구조 속에서 학생은 학습 과정의 설계자이자 실행자로서 전 과정에 적극적으로 참여하게 된다. 문제 상황을 스스로 정의하고, 그에 맞는 해결 전략을 구상하며, AI 도구를 선택하고 조정하는 과정은 몰입감 있는 학습 경험을 제공할 뿐만 아니라, 자기 주도성과 문제 해결 역량을 동시에 함양할 수 있는 기반이 된다.

앞으로의 AI 기반 문제 해결 학습은 사회적 감수성과 윤리적 성찰, 그리고 창의적 사고를 융합하는 교육 전략으로 진화해 나갈 것이다. 이는 초등교육에서 AI 리터러시와 시민성, 협업 역량을 통합적으로 기를 수 있는 핵심 기제가 된다.

협력적 AI 프로젝트 활동

AI는 더 이상 전문가를 위한 고급 기술이 아니다. 초등 교실에서도 교사, 학생, 전문가, 정책 담당자가 한 팀을 이루어 AI를 함께 설계·적용하는 장면이 점차 보편화되고 있다. 이러한 협력적 AI 프로젝트 활동은 학습자에게 코딩 능력이 아닌 창의적 문제 해결력, 사회적 · 윤리적 책임 의식, 이해관계자와의 협업 역량을 동시에 길러주는 핵심 장치로 기능한다.

협력적 AI 교육의 토대는 먼저 '교사-AI 협력(Teacher-AI Collaboration, TAC)' 모델에서 찾을 수 있다. 김(Kim, 2023)은 TAC가 수동적 AI 수용, 능동적 AI 활용, 건설적 동반 관계라는 세 단계를 순환적으로 거치며 성숙한다고 설명한다. AI가 수업의 보조 기능에서 교사와 함께 지식을 공동 창출하는 존재로 진화할 때 학습자는 AI가 제시하는 데이터 기반 통찰과 교사가 제공하는 정서 · 맥락적 지도를 동시에 경험한다.

또 하나의 토대는 학생 공동 설계자(learner as co-designer) 패러다임이다. 다이 외(Dai et al., 2023)는 베이징 지역 23명 교사와 대학 연구진이 3년에 걸쳐 구축한 AI 교육과정에서 확인했듯, 학생을 설계 과정에 적극 참여시키면 프로젝트에 대한 주인의식이 커지고 학습 동기가 강화된다고 밝혔다.

세 번째 토대는 시민과의 시너지다. 프라이슬 외(Fraisl et al., 2024)는 시민이 수집 · 라벨링한 데이터가 AI 모델의 편향을 완화하고, 동시에 지역 · 지구적 지속 가능발전목표(SDGs) 달성을 가속한다는 근거를 제시했다. 초등 프로젝트가 지역 환경 데이터나 생활 데이터를 다룰 때 학부모 · 지역 단체가 데이터 제공자와 평가자로 참여하면 학습의 사회적 의미가 한층 확장된다.

마지막으로, 이러한 협력 구조는 다층 거버넌스를 통해 제도적 뒷받침을 받아야 한다. 유럽연합(EU)은 2024년 8월 1일자로 세계 최초의 포괄적 AI 기본법 '인공지능 규제법(EU AI Act)'을 공식 발효시키며, 산하 독립 조직인 EU AI 오피스(Office), 국가 권한 기관, 과학자 패널이 네트워크를 구성해 위험 기반 규제를 실행하는 모델을 제시한다(Cancela-Outeda, 2024). 교육 현장에서도 윤리와 안전을 수업 초기부터 설계 단계에 내재화해 학습 목적과 사회적 책임을 조화시켜야 한다.

향후 과제로는 교사 전문성 강화(AI-TPACK 기반 데이터 리터러시 연수), 기술 접근성(저사양 기기에서도 작동하는 경량 AI 플랫폼) 및 제도적 거버넌스(교육청 공모전, AI 윤리 자문위와의 연계) 마련이 요구된다. 나아가 국제 온라인 협업 역량(IOCC)을 포함한 다문화 프로젝트로 확장하면 글로벌 시민성을 신장시킬 수 있다(Kolm et al., 2022).

참고문헌

Cancela-Outeda, C.(2024). The EU's AI act: A framework for collaborative governance. *Internet of Things*, 27, 101291.

Dai, Y., et al.(2023). Collaborative construction of artificial intelligence curriculum in primary schools. *Journal of Engineering Education*, 112(1), 23-42.

Fraisl, D., et al.(2024). Leveraging the collaborative power of AI and citizen science for sustainable development. *Nature Sustainability*, 8, 125-132.

Kahila, J., et al.(2024). Pedagogical framework for cultivating children's data agency and creative abilities in the age of AI. *Informatics in Education*, 23(2), 323-360.

Kim, J.(2023). Leading teachers' perspective on teacher-AI collaboration in education. *Education and Information Technologies*, 29, 8693-8724.

Kolm, A., et al.(2022). International online collaboration competencies in higher education students: A systematic review. *Journal of Studies in International Education*, 26(2), 183-201.

Lee, U., et al.(2023). Prompt aloud: Incorporating image-generative AI into STEAM class with learning analytics using prompt data. *Education and Information Technologies*. 29, 9575-9605.

Long, D., et al.(2021). *The role of collaboration, creativity, and embodiment in AI learning experiences.* Creativity & Cognition 2021 Georgia Institute of Technology, Expressive Machinery Lab.

Mishra, S., & Iyer, S.(2015). An exploration of problem

posing-based activities as an assessment tool and as an instructional strategy. *Research and Practice in Technology Enhanced Learning*, 10(5).

Pan, S.(2024). Research on teaching strategies of immersive experiential teaching for collaborative learning in elementary and middle schools based on AI and VR. *Advances in Educational Technology and Psychology*, 8(5), 14–26.

Scheibenzuber, C., et al.(2021). Designing for fake news literacy training: A problem-based undergraduate online-course. *Computers in Human Behavior*, 121, 106796.

Song, Y., et al.(2024). *Elementary school students' and teachers' perceptions towards creative mathematical writing with generative AI.* University of Florida.

Vandenberg, J., et al.(2023). Designing for fake news literacy training: A problem-based undergraduate online-course. *Education and Information Technologies*, 28(5), 4679–4701.

Williams, R., et al.(2024). Doodlebot: An educational robot for creativity and AI literacy. In *Proceedings of the 2024 ACM/IEEE International Conference on Human-Robot Interaction* (HRI '24). https://doi.org/10.1145/3610977.3634950

Woolfolk, A.(2019). *Educational psychology* (14th ed.). Pearson Education.

06
초등학생을 위한 생성형 AI 활용

초등학생이 생성형 AI를 안전하고 창의적으로 활용할 수 있도록 도와야 한다.
그림 · 글 · 음악을 '새로 만들어 내는' AI의 원리와 함께 딥러닝 · 프롬프트 · 윤리 개념을 기초부터 다진다. 교실에서 적용 가능한 AI 수업 모델을 제공해 학습 목표, 평가, 안전 가이드를 설계하도록 한다.

AI와 야구?

생성형 AI 이해와 기초 개념

생성형 AI(Generative AI)는 방대한 양의 데이터를 학습한 뒤 새로운 텍스트 · 이미지 · 음악 · 코드 · 영상 등을 스스로 만들어 내는 알고리즘이다. 기존 인공지능이 '미리 프로그램된 규칙'이나 '정형 데이터'에 의존했다면, 생성형 AI는 웹에서 수집한 방대한 비정형 데이터를 학습해 새로운 텍스트 · 이미지 · 오디오 · 영상을 만들어 낸다(Ng, et al., 2025).

2022년 11월 처음 공개된 챗GPT는 불과 며칠 만에 1억 명 이상이 체험하며 생성형 AI의 대중화를 앞당겼다(Baidoo-Anu & Owusu Ansah, 2023). 이러한 파급력은 초등 교실에도 곧바로 영향을 미쳐 질문을 던지고 창작물을 즉석에서 완성하는 새로운 학습 풍경을 만들어 냈다.

생성형 AI가 가능해진 기술적 토대는 딥러닝 기반의 대규모 사전 학습 언어 모델(large-language model, LLM)과 생성적 적대 신경망(Generative Adversarial Network, GAN), 최근에 급부상한 확산(Diffusion) 기반 모델이다. GPT-5, 클로드 4(Claude 4), 제미나이 2.0 (Gemini 2.0) 등의 LLM은 수십억 문장 속 통계적 패턴을 학습해 '다음에 올 단어'를 확률적으로 예측하며, GAN은 '생성자'와 '판별자' 두 신경망이 경쟁 · 협상하며 사실적인 이미지와 소리, 영상까지 만든다.

스테이블 디퓨전 3(Stable Diffusion 3), 소라(Sora), 달리 3(DALL · E 3) 등의 확산 모델은 완전히 무작위 노이즈 이미지를 출발점으로 삼는다. 그런 뒤 수백 단계에 걸쳐 노이즈를 조금씩 걷어 내며 고해상도 그림이나 영상을 합성한다(Noroozi et al., 2024). 세 접근 모두 인간이 미리 규칙을 짜 주지 않아도 확률 분포에서 '가장 그럴듯한' 새 결과물을 뽑아낸다는 공통점을 지닌다.

전통적 AI는 '분류(classification)', '예측(prediction)', '추천(recommendation)' 등 정해진 문제 유형에 대한 판별 작업에 기반해 동작했다. 이때의 AI는 학습 데이터와 유사한 입력 상황에서만 높은 성능을 보이며, 훈련된 범위를 벗어나면 그 한계가 명확했다. 반면, 생성형 AI는 학습 단계에서 축적한 통계적 확률 분포와 추론 기반 패턴을 활용해 새로운 조합의 결과물을 스스로 만들어 내는 데 특화되어 있다. 단순히 기존 지식을 꺼내는 것이 아니라 주어진 텍스트(프롬프트)에 포함되지 않은 요소까지도 예측하고 생성해 완결된 형태의 산출물을 제시할 수 있다.

이 같은 기계의 '창조적 확장 능력'은 교육 현장에서 교사와 학생이 AI를 '공동 창작자'로 경험하게 하는 전환점이 된다(Ng et al., 2025). 예컨대 학생이 단 한 줄의 아이디어나 질문을 입력하면, AI는 그로부터 전체 이야기 구조를 제안하거나 빈칸을 채우는 방식으로 서사적 상상력과 논리의 흐름을 함께 구성해 나간다. 이 과정은 AI의 제안과 학습자의 고유한 생각이 상호작용하는 대화적 학습 경험으로 확장된다.

우루과이의 한 초등학교에서는 이러한 AI 협업이 실제로 교육적 효과를 입증했다. 야우히아이넨과 게라(Jauhiainen & Guerra, 2023)는 우루과이의 한 초등학교에서 4~6학년 학생 110명을 대상으로 챗GPT를 활용한 글쓰기 활동을 진행했다. 학생들은 챗GPT와 상호작용하며 주어진 주제를 탐구하고 글을 확장하는 과정을 경험했으며, 연구는 챗GPT가 초등학생 교육에서 창의적 글쓰기와 아이디어 탐색을 지원하는 잠재력을 지니고 있음을 보여 주었다.

그러나 도구 사용법만 익히는 것으로는 충분하지 않다. 생성형 AI 시대의 AI 리터러시는 기술 · 도구 · 사회문화 맥락을 모두 다루는 통합적 문해 능력을 요구한다(Gu & Ericson, 2025).

이를 초등 수준으로 이해하려면 AI가 왜 그런 문장을 선택했고, 특정 이미지를 어떻게 그려 냈는지를 이해하려면 통계적 학습 원리와 확률 기반 생성 과정을 함께 살펴야 한다. 동시에 환각(hallucination), 데이터 편향, 저작권 문제 같은 사회적·문화적 쟁점을 비판적으로 탐구해야만 생성형 AI를 책임감 있게 활용할 수 있다(Han et al., 2024).

생성형 AI는 초등학생에게 질문을 던지는 힘과 상상력을 실험할 공간을 동시에 제공한다. 그러나 "무엇이든 만들어 준다"는 편리함 뒤에는 복합적 위험이 숨어 있다. 따라서 교사와 학교는 '기초 개념-윤리적 감수성-창의적 활용' 역량을 한데 묶은 교육 설계를 마련해 학생이 생성형 AI를 창의적이면서도 책임 있게 다루는 디지털 시민으로 성장할 수 있도록 안내해야 한다.

초등학생이 쉽게 접하는 생성형 AI

교실이 아닌 일상의 시간에도 아이들은 이미 생성형 AI와 자연스럽게 마주치고 있다. 스마트 패드에 "고구마 기사 '꾸마'의 모험 동화 들려줘"라고 말하자, 눈 깜짝할 사이 짧은 동화가 완성된다. 거대 언어 모델과 텍스트-투-이미지, 나아가 영상 생성 모델까지 생성형 AI가 초등학생에게 즉각적 창작의 경험을 열어 주고 있다.

이러한 기술이 학습에 미치는 변화를 실증적으로 보

여 준 사례가 있다. 교사는 챗GPT를 활용해 역사 · 사회 교재를 난이도별로 재구성했다. 학생들은 새롭게 만든 자료가 "더 재미있고 이해하기 쉽다"고 응답했으며, 스스로 과제를 선택하는 과정에서 자기 효능감도 높아졌다(Jauhiainen & Guerra, 2023). 이러한 결과는 생성형 AI가 학습 자료를 세분화 · 개인화해 내적 동기를 끌어올린다는 것이다.

물리 · 과학 교과 역시 생성형 AI의 지원을 통해 탐구 중심 학습을 강화할 수 있다. 이전에는 교과서나 정형화된 실험 절차에 의존하는 수업이 주를 이뤘다면, 이제는 AI가 학생의 사고 흐름에 맞춰 개별화된 실험 설계와 피드백을 제공할 수 있다. 코치스(Kotsis, 2024)의 연구에서는 챗GPT를 수업에 통합해 시행한 결과, 개별화된 학습 경험, 질문 중심 탐구 강화, 학습 참여도 향상 등 교육적 효과를 제시하고 있다.

그러나 학습자에게 개별화된 지원과 창의적 표현의 기회가 확대될수록, 반대로 교사에게는 수업 설계와 교재 개발에 대한 부담이 커지는 구조적 문제가 함께 대두된다. 특히 생성형 AI를 수업에 도입하려는 교사일수록 새로운 교육 내용을 빠르게 숙지하고 이를 교과 목표에 맞게 재구성해야 하므로 준비 시간과 인지적 소모가 많이 증가한다. 하셈 외(Hashem et al., 2024)의 연구는 교사 업무 중 수업 계획과 교재 제작이 번아웃의 주요 원인으로 작용하고 있음을 지적한다. 연구진은 챗GPT가 이러한 업무를 지원함으로써 교사의 부담을 완화하고, 교육적 창의성을 강화할 수 있는 가능성을 탐구했다. 이는 생성형 AI 도입 여부와 무관하게 디지털 시대의 교사가 여전히 '설계자'로서 핵심적 역할을 수행해야 함을 보여준다.

이러한 부담을 완화하기 위한 실험적 대안으로, 연구진은 '챗GPT 기반 보조교사 시스템'을 제안했다. 이 시스템은 5E 수업 모형, 즉 집중(Engage), 탐색(Explore), 설명(Explain), 확장(Elaborate), 평가(Evaluate)에 기반하여, 교사가 입력한 프롬프트(수업 주제나 단원 목표)만으로도 학습 목표 요약, 단계별 활동 예시, 평가 항목 및 방법 제안 등의 수업 요소를 자동 생성한다. 교사는 생성된 수업안을 그대로 사용하는 것이 아니라 자신의 학급 특성과 맥락에 맞게 검토·조정하는 역할만 수행하면 된다. 이를 통해 기획에 드는 시간과 인지적 부담을 대폭 줄이면서도, 수업의 질과 창의성은 유지할 가능성을 제시한 셈이다.

생성형 AI 기반 교육의 지속 가능성을 위해 해결해야

할 과제들도 분명히 존재한다. 우그라스 외(Ugras et al., 2024)의 연구는 터키의 초등학교 교사들을 대상으로 한 탐색적 연구를 통해 챗GPT가 수업 계획과 맞춤형 활동 설계에 긍정적으로 활용될 수 있음을 보여 주었다. 교사들은 챗GPT가 수업 자료를 신속하게 생성하고 학생 수준에 맞게 조정할 수 있다는 점에서 교육 지원 도구로서의 가능성을 확인했다. 동시에 일부 교사는 잘못된 정보 제공, 학생의 과도한 의존 가능성, 대면 상호작용 감소와 같은 위험 요인을 지적했다. 연구는 챗GPT가 포용적이고 질 높은 교육(SDG 4.1, SDG 4.2) 달성에 기여할 수 있는 잠재력을 갖고 있으나, 효과적인 활용을 위해서는 교사의 전문성 강화와 교육적 맥락에 맞춘 신중한 적용이 필요함을 강조한다.

여전히 AI 기술 수용을 둘러싼 시선은 다층적이다. 미국 서부 지역의 8~12세 학생, 교사, 학부모를 인터뷰한 연구에 따르면, 세 집단 모두 아이디어 발상 · 즉각 피드백 · 교재 제작 면에서 AI의 잠재력을 긍정적으로 평가했다. 동시에 저작권 침해, 편향, 아동 주도성 약화에 대한 우려 역시 크게 나타났다(Han et al., 2024). 이는 교실에서 AI를 활용할 때 기회와 위험을 함께 설계해야 함을 시사한다.

최근의 메타분석 연구들은 생성형 AI에 대한 긍정적 가능성과 함께 신중한 접근도 주문한다. 특히 초등교육 단계에서 AI가 학생 맞춤형 피드백 제공, 참여도 향상, 학습 동기 유발 측면에서 유의미한 효과를 보인다는 연구는 점차 증가하고 있다. 하지만 그에 비해, 생성형 AI가 기초 학력(읽기, 쓰기, 수리 등)을 얼마나 심화시킬 수 있는가에 대해서는 근거 기반 검증이 부족하다는 지적이 나온다.

또한 현재까지의 연구는 고등 교육 및 성인 학습 환경 중심으로 축적됐지만, 초등학교와 같은 어린 학습자의 실제 교실 맥락을 반영한 학제적이고 장기적인 연구는 아직 미비하다는 점에서 정책 도입 이전의 실증 연구 확대를 강조한다(Ogunleye et al., 2024).

그래도 초등학생에게 생성형 AI는 호기심을 자극하는 새로운 창구이자 개별화된 학습을 도와주는 창작 파트너로서 잠재력을 지닌다. 이 가능성이 실현되기 위해서는 교사와 학생, AI의 역할 분담이 명확한 협력 구조가 전제되어야 한다. 즉, 교사는 프롬프트 설계자이자 학습 가이드, 학생은 아이디어를 주도적으로 구현하는 창작자, AI는 아이디어 구체화와 피드백을 지원하는 도구로서 기능할 때 교실은 창의성과 포용성이 공존하는 열린 학습 공간으로 확장된다.

이러한 역할 분담을 토대로, 생성형 AI를 초등 교실에 효과적으로 통합하기 위해서는 기술 그 자체의 능력에만 의존할 것이 아니라 교육적 원칙에 근거한 의도적 설계가 필요하다. 특히 '안전(Safety)', '비판(Criticality)', '창의(Creativity)'라는 세 가지 핵심 원리는 AI 기반 수업이 학습자 중심성과 지속 가능성을 갖추기 위해 반드시 고려해야 할 기준이다.

첫째는 '안전(Safety)'의 원리다. 초등학교는 아직 정보 판단 능력과 자기 보호 능력이 충분히 발달하지 않은 학습자들이 있는 공간인 만큼, AI 사용 시 무엇보다도 학생 보호가 우선시되어야 한다. 구체적으로는 개인정보 보호, AI가 생성한 콘텐츠의 저작권 문제, 민감 정보의 유출 가능성 등을 철저히 점검해야 한다. 특히 프롬프트에 입력된 학생의 학습 이력, 성향, 감정 표현 등이 데이터로 수집 · 분석 · 저장되는 방식에 대한 명확한 규범과 정책이 마련되어야 하며, 교사는 이를 학생에게 명확히 설명하고 동의 절차를 거치는 의사소통 능력도 갖춰야 한다.

둘째는 '비판(Criticality)'의 원리다. 생성형 AI는 정제된 문장과 설득력 있는 표현을 제공하기 때문에 초등학생은 AI가 제공하는 정보를 사실로 오인할 가능성이 크다. 따라서 교사와 학생 모두는 비판적 디지털 사고력, 즉 AI의 답변이 신뢰 가능한 출처에 기반하고 있는지를 판별할 수 있는 능력과 AI가 존재하지 않는 정보나 오류 있는 내용을 사실처럼 제시하는 환각 현상을 감지하는 능력, 사실과 의견이나 편향과 루머를 구분하는 정보 감별력이 있어야 한다. 사회 · 시사 · 과학적 주제를 다룰 때 AI가 제공하는 정보가 객관적 진술인지, 특정 관점에 치우친 주장인지를 분석하는 뉴스 리터러시 기반 활동이 필요하다. 이러한 능력은 AI를 의심하며 활용할 줄 아는 건강한 거리감과 정보에 대한 주체적 판단력을 동시에 길러 주는 데 핵심적이다.

셋째는 '창의(Creativity)'의 원리다. AI는 정답을 알려 주는 기계가 아니라, 학습자의 생각을 확장하고 표현을 구체화하는 동료로 활용되어야 한다. 특히 프로젝트 기반 탐구, 창작 글쓰기, 실생활 문제 해결 수업에서는 AI가 아이디어 생성, 구조 제안, 문장 정교화, 피드백 제공 등의 역할을 맡아 학습자의 자율성과 표현 다양성을 실질적으로 확장할 수 있다.

안전 · 비판 · 창의의 원리를 균형 있게 반영한 설계가 이루어질 때, 생성형 AI는 학생의 상상력과 사고력을 자극하는 진정한 학습 파트너로 자리매김할 수 있다. 특히 초등교육 현장에서는 기술 중심이 아닌 학습자 중심의 설계 철학과 교사 전문성의 보완 체계를 통합한 교육 설계가 이루어질 때 생성형 AI는 초등 교실에 진정한 상상력을 불어넣고 참여도를 높일 수 있다.

교실에서 활용하는 생성형 AI 수업

생성형 AI를 수업에 들여올 때 교사는 '재미있는 체험' 그 이상을 설계해야 한다. AI가 만들어 내는 흥미로운 결과물에 학생들이 일시적으로 몰입하는 것을 넘어서 AI를 어떻게 다루고, 어떤 기준으로 받아들일 것인가를 함께 고민하게 만드는 설계가 필요하다. 즉 학생들이 AI를 단순한 놀이 도구나 결과 생성 장치로 소비하는 것이 아니라 그 안에 담긴 기술적 원리, 사회적 영향, 윤리적 책임까지 함께 이해할 수 있도록 돕는 것이 교사의 중요한 역할이다. 이러한 수업 설계는 안전, 비판, 창의를 통합한 AI 리터러시의 관점에서 이루어져야 한다. 다음 네 가지 단계는 최근 초등학교 현장에서 검증된 연구와 실천적 사례를 토대로 정리한 수업 지침이다.

첫째, 안전한 탐색 환경을 조성한다. 학교 또는 교육청 계정으로 운영되는 '샌드박스'형 플랫폼을 쓰면 개인정보 노출과 부적절한 콘텐츠를 최소화할 수 있다. 교사는 사용 약관, 연령 제한, 데이터 저장 정책을 사전에 점검하고, 학생에게도 'AI와는 공유하면 안 되는 정보'를 구체적 예시로 설명한다. 충분한 기술 지원과 윤리 기준이 갖춰질 때 학생 · 교사의 불안감이 크게 줄어든다는 보고가 이를 뒷받침한다(Ng et al., 2025). 동시에 AI 리터러시는 기능적 사용뿐 아니라 사회 · 문화적 영향을 성찰하는 비판적 이해까지 포함해야 한다(Gu & Ericson, 2025).

둘째, 프롬프트를 교사와 학생이 함께 설계한다. 생성형 AI 수업에서 좋은 결과물을 얻기 위한 핵심은 "어떤 질문을 던지느냐"에 달려 있다. 학생들이 의미 있고 창의적인 산출물을 만들어 내기 위해서는 정확한 지시와 풍부한 상상력이 결합한 프롬프트를 설계하는 경험이 필요하다(Kerr & Kim, 2025). 이를 위해 수업 시간에 교사와 학생이 협업해 '예시 프롬프트 은행(prompt bank)'을 공동 구축하는 활동은 매우 유익하다. 이 활동을 통해 학생은 언어적 표현력, 논리적 사고력, 자신의 의도를 점검하고 조정하는 메타인지 능력을 함께 기를 수 있다.

예를 들어, 학생이 "조선 시대 서당을 배경으로 한 모험 이야기를 800자 이내로 써 줘"라는 프롬프트를 입력하고, AI가 생성한 결과를 비교하며 "어떤 조건을 바꾸면 더 나은 결과가 나올까?", "이 표현은 왜 이런 문장으로 바뀌었을까?" 등을 함께 토론하게 하면 자기 표현에 대한 분석과 반성적 사고가 자연스럽게 이루어진다.

이미지 생성 활동에서도 마찬가지로 단순한 명령어 수준을 넘어서기 위한 프롬프트 구조화 전략이 필요하다. 이미지 생성 활동에서는 '프롬프트의 구체성, 세부 속성, 조건의 다양화'가 학생의 표현 능력과 시각적 상상력을 확장하는 데 도움을 주었다(Lee et al., 2023). 프롬프트 설계는 AI와의 상호작용을 지적 탐구와 표현의 과정으로 전환하는 핵심 지점이며, 교사와 학생이 이 과정을 함께 고민할 때 수업은 더욱 깊이 있는 창의 학습으로 발전할 수 있다.

셋째, 창작 단계에서 사실 확인 과정을 내재화한다. 생성형 AI는 '그럴듯한 오류'를 낼 수 있다는 점을 학생이 몸으로 배우도록 해야 한다. 모든 AI 산출물 뒤에 ① 출처 찾아보기 ② 두 자료 이상 교차 검증하기 ③ 오류 발견 시 수정 이유 기록하기의 3단계를 습관처럼 넣는다. 결과물의 출처 확인과 '환각(hallucination)' 탐지 과정을 수업 구조에 내재화하는 비판적 AI 리터러시는 필요하다.

넷째, 생성형 AI를 활용한 창의적 적용 과제를 설계한다. AI 기반 텍스트 · 이미지 · 영상 생성 도구는 학생들의 표현력과 상상력을 자극하는 창의적 파트너로 활용될 수 있다. 이를 교과 프로젝트와 연계하면 학습 동기를 높이고 표현의 폭을 확장하는 강력한 매개체가 된다.

이러한 시도는 특히 STEAM 교육과 결합할 때 그 효과가 더욱 뚜렷하게 나타난다. STEAM은 과학(Science), 기술(Technology), 공학(Engineering), 예술(Arts), 수학(Mathematics)을 융합한 교육 모델로 문제 해결력, 창의적 사고, 융합 역량을 길러 주는 데 목적이 있다. 이 접근법은 복합적 사고와 표현 중심 활동을 강조한다는 점에서 생성형 AI의 활용과 자연스럽게 연결된다.

예컨대, 리 외(Lee et al., 2023)는 국내 · 미국 공동 연구를 통해 이미지 생성 모델(Stable Diffusion)을 활용한 STEAM 수업을 설계했다. 연구진은 학생들이 입력한 프롬프트 데이터를 학습 관점에서 수집 · 분석했으며, 그 결과 프롬프트에 포함된 주제의 수가 많을수록 발산적 · 수렴적 사고가 모두 높아지고, 학생들이 작성한 일기의 어휘 다양성이 이미지 품질과도 상관성이 있음을 확인했다. 이러한 결과는 이미지 생성 AI가 학생들의 창의적 사고와 표현을 자극하는 교육적 잠재력을 지님을 보여 준다.

이러한 창의적 AI 적용 원리는 예술 수업에 국한되지 않는다. 사회과에서는 AI로 생성한 가상 도시 이미지나 역사 인물 인터뷰, 과거 사건을 바탕으로 역사 재구성 활동을 할 수 있고, 과학과에서는 AI가 그린 실험 장면을 분석하며 실험 추론 노트를 작성하거나, 수학과에서는 수학 개념을 시각화한 이미지와 관련된 생활 속 수학 문제를 이야기로 풀어내는 활동 등으로 확장할 수 있다. 즉 AI는 교사의 수업 설계에 따라 창의적 쓰기, 감성 표현, 문제 해결, 탐구 설계를 아우르는 통합형 과제를 만들어낼 수 있는 유연한 도구로 쓰일 수 있다.

마지막으로, 결과 공유와 성찰의 시간을 확보한다. AI와의 협업 활동이 끝난 뒤 학생들은 자신이 만든 결과물을 발표하고, 그 과정에서 AI가 어떤 도움을 주었는지, 어떤 점이 어려웠는지, 다음에 어떻게 개선하고 싶은지를 되돌아본다. 이 과정은 AI 활용 경험을 메타인지적으로 재구성하는 '학습의 마무리 단계'로 작동한다. 학생들은 서로의 경험을 듣고 피드백을 주고받으며, AI가 어디까지 유용했는지, 언제 한계를 드러냈는지, 그로 인해 어떤 책임감이 필요한지를 자연스럽게 성찰하게 된다. 이러한 피드백 기반의 성찰 구조가 포함될 때 생성형 AI를 활용한 수업은 학생의 학습 전략과 문제 해결 과정을 언어화하게 하고, 교사에게는 수업 설계의 개선점을 되짚는 중요한 단서가 된다(Kerr & Kim, 2025).

이처럼 탐색, 협업, 창작, 성찰의 네 단계를 균형 있게 설계 · 운영하면 생성형 AI는 초등 교실에서 단순한 기술 도구를 넘어 창의적 동료로 자리 잡을 수 있다. 교사는 질문과 구조로 탐험을 이끌고, 학생은 안전한 울타리 안에서 능동적 사고와 표현을 확장하며, AI 시대의 핵심 역량을 통합적으로 기르게 된다.

참고문헌

Baidoo-Anu, D., & Owusu Ansah, L.(2023). Education in the era of generative artificial intelligence: Understanding the potential benefits of ChatGPT in promoting teaching and learning. *Journal of AI*, 7(1), 52-62.

Gu, X. L., & Ericson, B. J.(2025). AI literacy in K-12 and higher education in the wake of generative AI: An integrative review. *ACM Transactions on Computing Education*, 1(1), 1-25.

Han, A., et al.(2024). Teachers, parents, and students' perspectives on integrating generative AI into elementary literacy education. In *Proceedings of CHI'24* (pp. 1-17). ACM.

Hashem, R., et al.(2024). AI to the rescue: Exploring the potential of ChatGPT as a teacher ally for workload relief and burnout prevention. *Research and Practice in Technology Enhanced Learning*, 19, 23.

Jauhiainen, J. S., & Guerra, A. G.(2023). Generative AI and ChatGPT in school children's education: Evidence from a school lesson. *Sustainability*, 15(18), 14025.

Kerr, R. C., & Kim, H.(2025). From prompts to plans: A case study of pre-service EFL teachers' use of generative AI for lesson planning. *English Teaching*, 80(1), 95-118.

Kotsis, K. T.(2024). ChatGPT in teaching physics hands-on experiments in primary school. *European Journal of Education Studies*, 11(10), 126-142.

Lee, U., et al.(2023). Prompt Aloud!: Incorporating image-generative AI into STEAM class with learning analytics using prompt data. *Education and Information Technologies*, 29(8), 9575-9605.

Ng, D. T. K., et al.(2025). Opportunities, challenges and school strategies for integrating generative AI in education. *Computers and Education: Artificial Intelligence*, 8, 100373.

Noroozi, O., et al.(2024). Generative AI in education: Pedagogical, theoretical, and methodological perspectives. *International Journal of Technology in Education*, 7(3), 373-385.

Ogunleye, B., et al.(2024). A systematic review of generative AI for teaching and learning practice. *Education Sciences*, 14(6), 636.

Ugras, H., et al.(2024). ChatGPT-supported education in primary schools: The potential of ChatGPT for sustainable practices. *Sustainability*, 16(22), 9855.

07
AI 윤리와 디지털 시민성

4차 산업혁명 시대의 교실에서 아이들은 인공지능과 함께 배우고 놀며, 동시에 온라인 공간에서 새로운 시민으로 성장하고 있다. 이러한 현실을 반영하여 AI 윤리적 감수성과 디지털 시민성 역량을 통합적으로 키워 주어, 초등학생이 기술을 안전하게 즐기면서도 공동체에 책임 있게 참여하도록 돕는 기반을 마련한다.

AI와 윤동주?

초등학생을 위한 AI 윤리 이해

AI가 교실과 가정 곳곳에 스며든 지금, 초등학생에게 AI 윤리를 가르치는 일은 선택이 아니라 필수다. 다바그 외(Dabbagh et al., 2024)는 읽기 · 수학처럼 AI 윤리를 '기초 소양'으로 제도화해야 한다고 강조하며, 데이터 프라이버시, 편향 최소화, 책임성과 투명성을 어린 학습자가 반드시 이해해야 할 핵심 축으로 제시한다.

교육학 · 발달 심리 연구는 6~12세를 가치와 규범이 급속히 내면화되는 '황금 시간'으로 규정한다. 이 시기에 형성된 윤리 감수성이 이후 온라인 행동과 AI 사용 태도를 강력하게 예측한다는 사실이 디지털 시민성 메타분석에서 거듭 확인되었다(Tadlaoui-Brahmi et al., 2022). AI 리터러시 체계적 검토 역시 초등 단계가 편향 · 프라이버시 등 AI 윤리 개념을 비판적으로 성찰할 토대를 마련하는 결정적 시기라고 강조한다(Yim & Su, 2025).

이론적 근거는 실증 연구에서도 뒷받침된다. 일본 초 · 중학생 107명을 대상으로 한 조사에서 '프라이버시 보호'와 '알고리즘 공정성'을 명확히 안내받은 집단은 그렇지 않은 집단보다 챗봇 수용 의도가 크게 상승했다(Kajiwara & Kawabata, 2024). 같은 맥락에서 미국 서부 2~6학년을 대상으로 한 생성형 AI 쓰기 워크숍에서는

"AI를 쓰기 전 저작권·편향 위험을 먼저 점검해야 한다"는 학생·교사 간 공감대가 형성되었고, 윤리 프레이밍이 학습 몰입도를 높이는 촉매가 되었다(Han et al., 2024).

교사가 느끼는 교육 격차 문제도 초등 단계 개입을 요구한다. 현장 교사들은 AI 윤리 교과를 준비하면서 "데이터 편향을 설명할 적절한 사례와 활동 모델이 부족하다"고 했으나, 직접 커리큘럼을 공동 개발하고 적용한 뒤에는 자신감과 수업 만족도가 크게 올랐다(Walsh et al., 2023). 즉 일찍부터 체계적 프로그램을 도입하면 교사 전문성 역시 함께 성장할 수 있다.

초등 교실에서 AI 윤리를 다룰 때는 추상적인 규범을 나열하기보다, 아이들이 일상에서 겪는 경험과 연결된 다섯 가지 핵심 원칙을 차근차근 풀어 주는 것이 중요하다.

먼저 공익(beneficence) 원칙이다. 아이들에게 "AI가 사람을 어떻게 돕고 있는지 찾아보자"고 제안하면, 길 안내 앱이나 시각장애인용 이미지 설명 도구처럼 긍정적 사례가 쏟아져 나온다. 이때 교사는 "누가 도움을 받았나?", "어떤 점이 더 나아졌나?"를 질문하며, 기술 발전이 공동체 행복에 이바지할 수 있다는 사실을 자연스럽게 깨닫게 한다. 연구 사례로 일본 초·중학생들에게 공익,

공정성, 설명 가능성과 같은 AI 윤리 원칙을 학습시키고, 이후 챗봇 활용 의도를 조사했다. 그 결과, 이러한 윤리적 프레이밍을 경험한 집단은 그렇지 않은 집단보다 AI 활용에 대한 수용 의도가 유의미하게 높아졌다. 이는 AI가 공동체와 개인의 이익에 기여할 수 있다는 인식이 학습자의 태도 변화에 중요한 역할을 한다는 점을 보여 준다(Kajiwara & Kawabata, 2024).

둘째는 해를 끼치지 않기(non-maleficence)다. 친구의 얼굴을 다른 사람과 바꿔 붙인 '딥페이크' 영상을 보여 주고 "이 영상이 잘못 쓰이면 어떤 일이 생길까"를 토론하게 하면 "혹시 친구 마음이 다치면 어떡하지" 하고 한 번 더 생각해 본다. 결국 아이들은 합성하기 전에 친구에게 먼저 허락을 구하고, 놀림이 아니라 재미있는 작품으로 함께 웃을 수 있는 방향을 택한다.

또한 자율주행 로봇 장난감을 복도에서 최고 속도로 달리게 했다가 누군가 부딪혀 다칠 뻔한 순간을 떠올리며, 로봇에도 '안전 구역'과 '속도 제한'을 걸어 두기로 약속한다. 마지막으로 챗봇이 써 준 과제 답을 그대로 복사하려던 아이는 "혹시 틀린 정보이거나 다른 사람 글을 베끼는 건 아닐까"라고 스스로 묻는다. 그래서 챗봇 답을 여러 자료와 비교해 보고, 자기 말로 다시 정리해 제출한다. 이렇게 작은 선택 하나하나가 '해를 끼치지 않기' 원칙을 지키는 구체적인 실천이 된다(Choi et al., 2024).

셋째, 공정과 정의 원칙은 게임형 활동이 효과적이다. 예컨대 '얼굴 인식 게임'에서 다양한 피부색 · 표정을 가진 캐릭터 중 특정 조건만 인식하도록 데이터셋을 일부러 편향시켜 두면, 아이들은 결과의 불공정을 즉각 발견한다. 이후 데이터 구성을 바꿔 가며 정확도가 달라지는 과정을 직접 확인하면 "정확하고 공정한 AI를 만들려면 다양한 데이터를 써야 한다"는 사실을 몸으로 배운다(Walsh et al., 2023).

넷째는 자율성(autonomy)이다. 여기서는 'AI에 맡길 일과 사람이 직접 할 일' 카드를 분류해 보는 활동이 유용하다. 과제를 끝낸 뒤 "왜 그렇게 선택했는지" 이유를 발표하게 하면, 아이들은 스스로 결정권을 갖고 AI를 도구로 활용하는 법을 익힌다. 교사는 "누가 최종 책임을 질까?"라는 질문으로 토론을 마무리해 기술 의존과 인간 판단의 균형을 짚어 준다(Dabbagh et al., 2024).

마지막으로는 설명 가능성 및 책임(explainability & accountability)이다. AI 챗봇에게 간단한 퀴즈를 풀게 한 뒤 "왜 이렇게 대답했는지 설명해 줘"라고 다시 물어보도록 한다. 챗봇의 설명이 부족하거나 틀릴 수 있음을 발견한 뒤 아이들은 "AI의 답을 그대로 믿지 말고 근거를 확인해야 한다"는 교훈을 얻는다. 나아가 "잘못된 답이 나왔을 때는 누구에게, 어떻게 알려야 할까?"를 논의하면서 책임 소재를 분명히 한다(Choi et al., 2024).

이처럼 공익, 해 끼치지 않기, 공정, 자율성, 설명 가능성 및 책임의 다섯 원칙을 생활 밀착형 사례와 체험 활동으로 엮으면, 초등학생도 AI 윤리의 핵심 가치를 자연스럽게 이해하고 실천할 수 있다.

초등에서의 디지털 시민성 교육

초등학생도 이제 검색창보다 생성형 AI 챗봇에 먼저 질문하고, 소셜 피드가 어떤 기준으로 채워지는지 모른 채 로봇 같은 추천 알고리즘과 매일 대화한다. 이런 환경에서 디지털 시민성은 온라인 예절을 넘어 알고리즘이 작동하는 방식을 이해하고, AI가 내 삶에 끼칠 영향을 비판적으로 성찰하는 능력까지 포괄해야 한다.

디지털 시민성은 초등학생이 디지털 공간에서 안전하고 윤리적으로 행동하면서도, 정보를 비판적으로 이해하며, 학습, 사회, 시민 활동에 능동적으로 참여할 수 있게 하는 다차원적 역량이다.

페디 외(Fediy et al., 2021)는 초등 맥락에서 디지털 시민성을 "온라인 환경에서 안전 · 책임 · 비판적 평가를 수행하며 성공적으로 활동할 수 있는 능력"으로 세분화하고, 디지털 시민성의 기준으로 디지털 정체성, 사이버 보안, 프라이버시 관리, 디지털 공감 등을 제시한다. 코테시 외(Cortesi et al., 2020)는 17개 영역의 기술 · 태도로 확장 정의하며, 데이터 · AI 이해까지 포함한다. 시민성 실천 연구를 정리한 드레이더(Drader, 2022)는 초등 교실에서 디지털 시민성을 "주로 책임 있고 윤리적인 기술 사용으로 정의하고, 학교 · 가정 · 지역사회가 함께 가르쳐야 효과가 지속된다"고 강조한다. 이를 통해 학생이 AI 기반 디지털 사회의 주체적 · 책임적 구성원으로 성장하도록 돕는 통합적 개념이라고 정리할 수 있다.

AI 시대에 디지털 시민성 교육은 더욱 강조되고 있다. 체계적 문헌 분석에 따르면 초등 단계 디지털 시민성 연구가 최근 데이터 편향, 프라이버시, AI 윤리를 핵심 범주로 확장하고 있다(Tadlaoui-Brahmi et al., 2022). 우크라이나 초등학교 프로젝트처럼 AI로 만든 인포그래픽이나 영상을 지역 환경 캠페인에 활용하도록 지원하면, 기술이 시민 참여의 통로가 된다는 사실을 경험하게 된다(Fediy et al., 2021).

AI 중심 디지털 시민성 수업은 '블랙박스'인 모델 내부를 탐구 대상으로 드러내는 데서 출발한다. 교사는 먼저 짧은 실험적 프롬프트 활동을 진행한다. 예를 들어 "제주 4 · 3 사건을 설명해 줘"라는 문장을 번갈아 여러 챗봇에 입력해 보면, 일부는 사건의 배경을 빠뜨리거나 서술 어조가 달라진다.

학생들은 "왜 이런 차이가 생겼을까?"라는 질문을 던지며 자신의 검색, 게임, 영상 시청 기록을 바탕으로 데이터 기반 추론을 시작한다. 이 과정에서 AI 알고리즘의 편향과 환각 문제를 자연스럽게 인식하게 된다. 이어서 '데이터 디톡스 프로젝트(Data Detox Project)'가 실행된다. 이 프로그램은 개인의 디지털 흔적을 점검하고, 플랫폼이 정보를 어떻게 추천 · 필터링하는지 이해하도록 돕는 활동을 포함한다. 이를 통해 개인 데이터의 흔적과 알고리즘의 작동 방식을 비판적으로 이해하게 된다 (Cortesi et al., 2020).

마지막 단계는 감지-사고-행동(Sense-Think-Act)의 적용이다. 학생들이 AI를 활용하는 중 문제를 발견하면 문제를 인지하고 정보를 수집한 후 원인을 분석하고 해결책을 토론하며 설계하고, 실제 행동으로 실천한다. 이러한 접근은 학생들에게 AI와 데이터 사용에 대한 책임감과 시민성을 길러 주며, 단순 비판을 넘어 실질적 행동으로 이어지는 성찰적 학습 경험을 제공한다.

이처럼 탐구적 활동을 지속하려면 교실을 넘어 가정과 지역사회가 엮인 세 겹 그물망이 필요하다. 수업에서 배운 프라이버시 수칙이 집에서도 실천되도록, 학부모는 모니터링 앱 또는 가족 규칙표로 자녀의 온라인 행동을 함께 점검한다. 지역 도서관과 미디어센터는 주말마다 AI 체험 워크숍을 열어 학교 프로젝트를 확장할 기회를 제공한다.

미국 초등교사를 대상으로 한 질적 연구는 이런 삼자 구조가 갖춰진 학교가 그렇지 못한 학교보다 온라인 행동 변화의 유지 기간이 길었다고 강조한다(Drader, 2022). 교사는 시나리오형 토론을 통해 문제 인식을 촉발하고, 지역 전문가는 실제 데이터를 제공해 현실감을 높이며, 가정은 일상 속 습관으로 정착을 돕는 셈이다.

초등 단계에서 시작한 AI 중심 디지털 시민성 교육은 학생에게 기술 사용 능력뿐 아니라 '왜, 어떻게' 기술을 써야 하는지에 대한 윤리적 나침반을 제공한다. 이는 AI가 일상이 된 시대에, 어린 시민이 비판적으로 사고하고 책임 있게 참여할 수 있는 가장 탄탄한 기반이다.

윤리적 판단과 책임 활동

AI가 교실에 들어온 지금, 교육은 더 이상 "무엇이 가능한가?"에만 머물러 있어서는 안 된다. 이제는 "어떻게 해야 옳은가?"를 묻는 교육이 더 이상 미룰 수 없는 과제가 되었다. 학생이 AI를 비판적으로 이해하고 책임 있게 활용하는 태도를 기르기 위해서는 윤리적 판단-행동-성찰이 순환하는 수업 구조가 필요하다(Dabbagh et al., 2024). 이러한 순환형 구조가 있을 때 학생은 AI를 두려워하기보다 주체적 사용자이자 책임 있는 디지털 시민으로 성장할 수 있다고 강조한다.

이를 실천하는 가장 효과적인 방법 중 하나는 '딜레마 기반 시나리오 활동'이다. 교사는 수업에 프라이버시 침해, 딥페이크, 알고리즘 편향 등 현실적 사례를 제시하고, 학생에게 '판사 역할'을 맡긴다. 학생들은 사건의 이해관계자, 찬반 논거를 정리한 뒤, 생성형 AI에 각 입장을 요약하도록 지시한다. 이후 "AI 설명에 무엇이 빠졌는가?", "이 주장은 누구에게 불리하게 작용하는가?"와 같은 질문을 통해 정보 누락과 환각을 비판적으로 분석한다. 이 과정에서 학생들은 비판적 분석과 책임 있는 판단, 실천 전략 수립까지 아우르는 학습 경험을 갖게 된다. 다바그 외(Dabbagh et al., 2024)는 초등 단계에서

AI 윤리 교육을 의무화할 필요성을 강조하며, 교과 내에 사례 기반 토의, 그룹 프로젝트를 통한 AI 결과 분석, 설명 가능성과 정당화 학습을 통합하는 실천 방향을 제시한다. 이러한 틀을 토대로 교사는 학습자 수준에 맞춘 딜레마 기반 논의나 챗봇 활용 비판적 분석과 같은 활동을 설계할 수 있다.

이어지는 활동은 '개발자 · 교사 · 학부모 · 학생'의 네 가지 역할을 맡아 같은 윤리적 쟁점을 챗봇에 질문하고, 각 답변의 차이를 비교 · 분석하고, 비판한다. 이때 가지와라와 가와바타(Kajiwara & Kawabata, 2024)가 제안한 AI 윤리 5원칙, 즉 공익, 피해 금지, 공정, 자율성, 책임을 토론의 기준틀로 활용하면, 학생들은 AI에 대한 수용과 비판을 동시에 훈련하게 된다.

실천적 탐구는 소규모 AI 실험 활동으로 이어진다. 학생들은 직접 데이터를 수집 · 정제해 소형 모델을 학습시킨 뒤, 결과물 속에 나타난 편향을 찾아내고 이를 AI 실험 노트에 기록한다. 이를 통해 프라이버시 침해, 데이터 예측 남용, '잊힐 권리' 부재 등 교육 데이터 윤리의 핵심 난제를 경험 기반으로 체득한다(Guan & Feng, 2023). 이러한 윤리 교육은 교과 간 융합을 통해 깊이 있는 학습으로 확장될 수 있다.

마무리는 '책임 선언문' 작성 활동으로 이어진다. 학생들은 자신이 경험한 AI 윤리 활동을 바탕으로 AI 거버넌스 기준에서 제시한 인간 중심(human-centric), 책임성(accountability), 투명성(transparency)의 원칙을 반영해 교실 생활 규범을 자율적으로 재해석한다(ASEAN, 2024). 선언문 발표 이후에는 "내가 내린 결정이 공동체에 어떤 영향을 미치는가?"를 자문하며, 윤리적 학습의 자기 내면화를 마무리한다.

이러한 흐름은 학생뿐만 아니라 교사에게도 변화를 일으킨다. 아피에(Apie, 2025)의 연구에 따르면 AI 윤리 프로토콜을 도입한 학교의 교사들은 기술 활용 빈도가 높을수록 투명성과 책임성에 대한 감수성이 더 강화되는 경향을 보였다. 나아가 학교 담장을 넘어 지역 사회까지 윤리적 실천을 확장할 수 있다면 그 효과는 배가된다. 인도네시아의 '캄풍 사이버(Kampung Cyber)' 사례는 마을 단위에서 주민들이 디지털 리터러시와 사이버 보안 규범을 공동으로 실천한 사례로, 공동체 기반의 윤리 학습이 허위 정보와 위험 노출을 줄이는 데 기여할 수 있음을 보여 준다(Wulandari et al., 2021).

그러나 이러한 교육적 성과를 현장 전반으로 확산시키기 위해서는 여전히 해결해야 할 네 가지 핵심 과제가 남아 있다. 지금까지의 사례가 AI 윤리 수업의 가능성을 보여 주었다면, 이제는 지속 가능하고 체계적인 구조로 발전시킬 차례다.

첫째, 평가 체계의 고도화가 시급하다. 현재 AI 윤리 수업의 평가는 대부분 지식 이해나 태도 인식 설문에 의존하고 있어, 실제 수업 참여 과정과 윤리적 판단 능력을 정밀하게 반영하지 못한다. 앞으로는 정답 중심 평가를 넘어, 학생이 딜레마 상황에서 어떤 판단을 했는지, 데이터 편향을 어떻게 수정했는지, 그 과정을 어떻게 성찰했는지를 기록한 학습 포트폴리오 중심의 평가 체계로 전환해야 한다.

둘째, 교사 연수와 전문 공동체 기반을 강화해야 한다. AI 윤리 교육은 기술 중심이 아니라 윤리 · 데이터 · 교육의 융합적 사고를 요구하는 복합 영역이다. 따라서 TPACK(기술, 교수법, 내용 지식) 기반 교사 연수 프로그램이 마련되어야 한다. 이 연수는 AI 기술 도구에 대한 실무 역량, 이를 교수 · 학습 설계에 통합하는 교수 전략, AI 사용에 따른 윤리적 판단 및 위험 관리 능력 등을 다뤄야 한다. 또한 학교 간 공동 개발, 수업 공유, 동료 피드백이 이루어지는 전문적 학습 공동체가 병행되어야 수업 혁신이 지속 가능한 문화로 정착할 수 있다(Walsh et al., 2023).

셋째, 교육 거버넌스의 연계가 필수적이다. 학교 단위에서 해결할 수 없는 개인정보 보호, 알고리즘 편향, 투명성 문제에 대해 교육청, 지자체, 민간 전문가가 함께 공동 책임 체계를 구축해야 한다. 이는 단순한 '규제의 강화'가 아니라 교육 현장에서 발생하는 AI 윤리 이슈를 법적 · 기술적 · 교육적으로 함께 관리하는 참여형 모델로 나아가야 한다(ASEAN, 2024).

넷째, 교육과정 설계 단계부터 학생 참여형 구조로 전환할 필요가 있다. 지금까지는 교재와 평가 기준을 교사와 전문가 중심으로, 일방적으로 결정해 왔기 때문에 실제 학생의 생활 맥락과는 동떨어진 '추상적 윤리'로 흐르기 쉬웠다. 따라서 학생 자문단을 공동 설계자로 참여시킴으로써, 학습자 스스로가 수용자에서 창안자 · 실천자로 성장할 수 있도록 해야 한다(Cortesi et al., 2020).

이처럼 평가-연수-거버넌스-학생 참여를 아우르는 통합 전략이 구축될 때 초등 AI 윤리 교육은 책임 있는 디지털 시민성을 길러 내는 전환 교육으로 발전할 수 있다. 결과적으로 학생은 비판적 사고력과 실천적 책임감을 함께 갖춘, AI 시대에 적합한 '리터러시 완성형 인재'로 성장하게 된다. 이러한 인재는 AI가 미치는 사회적 영향과 윤리적 책임까지 함께 고려하는 균형 잡힌 사용자이자 공동체 구성원이 될 수 있다. 그것이 바로 AI 교육이 지향해야 할 다음 단계의 교육 혁신이다.

참고문헌

Apie, E. M.(2025). Ethics of artificial intelligence (AI) and teacher integrity in the deployment of smart technologies in the digital era in Cross River State, Nigeria. *East African Journal of Arts and Social Sciences*, 8(1), 67–78.

ASEAN(2024). ASEAN guide on AI governance and ethics. ASEAN Secretariat.

Choi, J., et al.(2024). The effects of an ethics education program on artificial intelligence among middle school students: Analysis of perception and attitude changes. *Applied Sciences*, 14(4), 1588.

Cortesi, S., et al.(2020). *Youth and digital citizenship + (plus): Understanding skills for a digital world*. Berkman Klein Center for Internet & Society.

Dabbagh, H., et al.(2024). AI ethics should be mandatory for schoolchildren. *AI and Ethics*, 5, 87–92.

Drader, S. L.(2022). *Digital citizenship for elementary students* (Master's capstone). Western Washington University.

Fediy, O., et al.(2021). Pedagogical Conditions for Digital Citizenship Formation among Primary School Pupils. *Revista Romaneasca Pentru Educatie Multidimensionala*, 13(3), 95–115.

Guan, X., & Feng, X.(2023). The dilemma and countermeasures

of educational data ethics in the age of intelligence. *Humanities and Social Sciences Communications*, 10, 138.

Gouseti, A., et al.(2025). The ethics of using AI in K–12 education: A systematic literature review. *Technology, Pedagogy and Education*, 34(2), 161–182.

Han, A., et al.(2024). Teachers, parents, and students' perspectives on integrating generative AI into elementary literacy education. In *Proceedings of CHI*'24 (pp. 1–17). ACM.

Kajiwara, Y., & Kawabata, K.(2024). AI literacy for ethical use of chatbot: Will students accept AI ethics? *Computers and Education: Artificial Intelligence*, 6, 100251.

Tadlaoui–Brahmi, A., et al.(2022). Digital citizenship in primary education: A systematic literature review describing how it is implemented. *Social Sciences & Humanities Open*, 6(1), 100348.

Walsh, B., et al.(2023). Literacy and STEM teachers adapt AI ethics curriculum. In *Proceedings of the AAAI Conference on Artificial Intelligence* (Vol. 37, pp. 16048–16055). Association for the Advancement of Artificial Intelligence.

Wulandari, E., et al.(2021). Digital citizenship education: Shaping digital ethics in Society 5.0. *Universal Journal of Educational Research*, 9(5), 948–956.

Yim, I. H. Y., & Su, J.(2025). Artificial intelligence literacy education in primary schools: A review. *International Journal of Technology and Design Education*. Advance online publication. https://doi.org/10.1007/s10798-025-09979-w

08
초등교사의 AI 실천 역량

AI가 교실 수업과 업무까지 빠르게 파고들면서
교사는 더 이상 AI 소비자에 머물 수 없다.
초등학교 AI 연구들은 공통으로 'AI를 활용할 줄
아는 교사'가 아니라 'AI와 함께
설계 · 평가 · 성찰할 줄 아는 전문가'로의
전환을 강조하고 있다.

AI와 한의학?

AI 시대 교사의 역량 요구

생성형 AI가 초등학교 교실의 판도를 바꾸자, 교사는 더 이상 '기술을 쓸 줄 아는 사람'에 머물 수 없게 되었다. 최근 연구들은 다섯 개의 기둥, ① AI · 데이터 리터러시 ② TPACK(기술, 교수법, 내용 지식) 2.0 설계력 ③ 긍정적 수용 태도 ④ 윤리 · 책임 역량 ⑤ 지속적 전문성 성장을 갖출 때 비로소 교사가 AI 기반 학습 생태계의 설계자로 거듭난다고 강조한다.

우선, AI 시대의 교사는 AI의 작동 원리와 교육적 함의를 깊이 이해한 설계자여야 한다. 특히 생성형 AI는 텍스트, 이미지, 음악 등 다양한 형태의 콘텐츠를 자동 생성하며, 그 과정에서 교사에게는 새로운 윤리적 · 인지적 판단 능력이 요구된다.

이를 뒷받침하는 한 연구에서는 예비 교사 138명을 대상으로 한 실험에서, 텍스트 · 이미지 · 음악 생성기를 체험한 후 참여자의 준비도, 디지털 리터러시, AI 교육 잠재력, 추가 훈련 필요성을 가장 중요한 기초 역량으로 꼽았다(Nezhyva et al., 2025). 이는 교사에게 생성물의 저작권 문제와 사실 검증 필요성을 윤리적 쟁점으로 지목하며, 교사가 학생과 함께 이를 토론하고 검증할 수 있는 안목이 요구된다는 점을 시사한다.

또 다른 사례는 초등 과학 수업에 AI 분석 도구를 통합한 실험이다. 이 연구에서는 교사가 학생의 활동 로그에서 오개념이나 인지 오류를 실시간으로 추출·시각화함으로써 즉각적 피드백이 가능해졌다고 보고한다(Kotsis, 2024a). AI를 활용한 수업이 단순한 자동화가 아닌 정밀한 진단과 맞춤형 개입을 가능하게 한다는 점에서 중요한 의미를 지닌다.

이러한 교육적 전환을 성공적으로 구현하기 위해 최근 주목받는 것이 바로 'TPACK 2.0' 개념이다. 기존 TPACK 틀에 데이터 해석력(Data)과 윤리 감수성(Ethics)을 더해 보다 입체적이고 책임감 있는 AI 수업 설계를 가능케 하자는 확장형 모델이다. 예를 들어, 초등 물리 실험 수업에 AI 시뮬레이션을 접목한 연구에서는 교사가 가상 실험 도구의 기술적 설정(Tech), 구성주의 학습 흐름 설계(Pedagogy), 물리 개념의 정교화(Content), 실험 데이터의 해석(Data), 안전성과 윤리 검토(Ethics)를 동시에 통합 조정해야 효과적인 수업 설계가 가능하다는 점이 입증되었다(Kotsis, 2024b).

또한 챗GPT를 활용한 탐구 수업에서는 교사가 메타프롬프트(meta-prompt)를 활용해 학생이 논거를 스스로 생성하고 확장하도록 유도했을 때 학습 효과가 가장 두드러졌다는 결과도 보고되었다(Kotsis, 2024c). 이는 AI가 학습자의 사고력을 대체하기보다는 오히려 촉진하는 도구로 작동할 수 있다는 점을 시사한다.

닝 외(Ning et al., 2024)는 AI-TPACK의 다섯 구성 요소 간 관계를 구조 방정식 모델로 분석한 결과, "윤리와 데이터에 대한 지식이 기술, 교수법, 내용 지식을 매개하여 교사의 최종 수업 역량을 결정한다"고 강조한다. 즉 AI 기술 활용의 질은 기술적 숙련도 자체보다는 그것을 윤리적이고 분석적으로 설계할 수 있는 통합 능력에 달려 있다는 것이다.

기술이 아무리 진보하더라도, 교사가 이를 수용하지 않으면 수업 혁신은 멈춘다. 실제로 AI 도구의 활용 여부는 기술 그 자체의 성능보다는 교사의 심리적 수용과 환경적 조건에 좌우된다. 이를 뒷받침하는 대표적 연구가 바로 UTAUT(통합 기술 수용 모형) 분석이다. 중국 7개 성의 교사 536명을 대상으로 한 조사에서는 '성과 기대(AI가 수업 효과를 높여 줄 것이라는 믿음)'와 '사회적 영향(동료와 기관의 지지)'이 기술 수용 의도에 가장 큰 영향을 미친다고 나타났다(Yao & Abd Halim, 2023). 즉 교사가 AI를 긍정적으로 받아들이는 결정적 계기는 '기술에 대한 확신'과 '환경의 뒷받침'인 셈이다.

하지만 AI 수업이 품격 있는 교육으로 정착하기 위해선 윤리적 설계가 필수적이다. 특히 AI는 수업 과정에서 개인 데이터 보호, 알고리즘 편향, 저작권 침해와 같은 다양한 쟁점을 수반한다. 이에 대한 대응으로 네즈히바 외(Nezhyva et al., 2025)는 교사가 AI 생성 결과를 검증하고, 저작권과 사실성 문제를 점검하며, 윤리적 · 책임 있는 활용을 위해 정책적 · 교육적 지원이 필요하다고 강조했다.

코치스(Kotsis, 2024a)는 데이터 수집 단계에서 학생의 개인정보를 제거하지 않고 그대로 사용한 수업에서는 학생과 학부모의 기술 불신이 급증했으며, 이는 오히려 AI 도입 효과를 약화하는 부작용으로 이어졌다. 기술 수업의 품질은 기술 자체가 아니라, 그것을 '어떻게 설계하고 실행하는가'에 달려 있다는 교훈이다.

더욱이 AI 도구는 빠르게 진화하고 변화무쌍하다. 따라서 교사는 고립된 개인 학습이 아니라, 지속적인 전문성 개발 구조 속에서 변화에 적응해야 한다. 전문 학습 공동체는 이러한 맥락에서 중요한 역할을 한다. 이 학습 공동체를 통해 교사들이 성공 사례뿐 아니라 실패 경험까지도 공유하면서 함께 성장하는 문화가 조성될 때, AI 수업의 질이 장기적으로 개선된다(Kotsis, 2024b).

AI 시대 교사는 다층적 리터러시(기술, 데이터, 윤리), 수업 설계력, 변화에 대한 수용성, 윤리적 판단과 책임 수행, 지속적 학습 역량이라는 다섯 개의 기둥을 갖출 때 'AI 리터러시 완성형' 교육 전문가로 거듭날 수 있다. 이러한 교사의 성장은 학생에게 맞춤형 학습과 윤리적 나침반을 함께 제공하는 역할로 확장되며, 초등 교실을 미래 혁신의 실험실로 탈바꿈시킨다.

초등 STEAM 수업 설계

STEAM(Science, Technology, Engineering, Arts, Mathematics) 교육은 전통적인 STEM 교육이 지닌 분석적 문제 해결력에 창의적 표현력과 감성적 사고를 더한 학습 패러다임이다. 즉, STEAM은 과학 · 기술 · 공학 · 수학의 개념과 절차를 바탕으로 문제를 탐구하는 동시에 인문학과 예술적 방법을 활용해 학습자의 창의성, 직관, 정서를 함께 자극한다(How & Hung, 2019).

초등학생에게 STEAM 수업은 '재미있는 만들기' 단계에 머무르지 않는다. 최근 연구들은 생성형 AI와 결합한 STEAM 수업이 과학적 탐구, 창의적 문제 해결, 윤리적 성찰을 동시에 촉진한다는 사실을 거듭 확인했다(Jang et al., 2022; Lee et al., 2023). 이에 따라 교사는 학생들을 대상으로 초등 STEAM 수업을 설계할 때 '콘텐츠-프로세스-도구'라는 세 축을 유기적으로 통합해야 한다.

우선 콘텐츠(content) 차원에서는 AI를 활용해 실생활 주제를 확장하는 것이 핵심이다. 예컨대, 지역 감귤 농장의 기후 데이터를 수집·분석해 기상 예측 모델을 만들거나, 해양 폐기물 이미지를 기반으로 분류 알고리즘을 설계하는 활동은 '나와 우리 지역의 문제'를 기술로 해결하는 과정을 자연스럽게 학습하게 한다(Jang et al., 2022). 이 과정에서 학생은 데이터에 대한 민감성과 주체적 탐색 태도를 함께 기르게 된다.

또한 AI 윤리 문제를 핵심 콘텐츠로 포함하는 것도 중요하다. 수업 중 생성형 AI의 저작권 침해, 알고리즘 편향, 사실 왜곡 등의 이슈를 토론 주제로 삼으면, 학생들은 사용자 위치에서 벗어나 비판적 디지털 시민으로 성장하게 된다(Lee et al., 2023). 수업 전후의 윤리적 토론은 AI 기술에 대한 맹목적 수용을 방지하고, 책임 있는 활용 태도를 형성하는 데 도움을 준다.

둘째는 프로세스(process) 설계다. AI-STEAM 수업에서는 4P 순환 모델(Problem-Plan-Produce-Present)을 적용하면 효과적이다. 문제 찾기(Problem) 단계에서는 지역·환경·문화와 관련된 주제를 탐색해 학생의 학습 동기를 끌어올린다. 계획 세우기(Plan) 단계에서는 프롬프트 작성, 데이터 구조 설계 등 생성형 AI 활용의 핵심 기획 역량을 학생이 직접 실습하도록 이끈다. 실제로 프롬프트의 길이와 조건을 바꾸며 결과를 비교하는 활동이 학생의 수렴적 · 발산적 사고를 동시에 자극하는 효과가 있음을 보여 주었다(Lee et al., 2023).

창작물 제작(Produce) 단계에서는 이미지 · 음악 생성 AI, 센서 보드, 3D 모델 등 다양한 도구를 활용해 결과물을 제작한다. 이때 학생은 단순 제작을 넘어서 복합적 문제 해결자로 기능한다. 마지막으로 발표 및 친구 평가(Present & Peer-review)는 결과, 코드, 윤리 점검표를 공유하여 학생들이 만든 결과물을 발표하고, 학생들이 서로의 작업을 평가 · 피드백하는 과정을 거친다(Ajayi, 2024). 이 과정은 보편적 학습 설계 원칙과 연동해 다양한 표현 방식(텍스트 · 영상 · 시각화)을 허용함으로써 학습 격차를 줄이고, 학생의 자율성과 표현력을 높일 수 있다(Khawaji, 2024).

AI-STEAM 수업은 단일 기능의 도구나 교구만으로는 충분하지 않다. 오늘날 초등 STEAM 수업에서는 학습자가 문제를 탐색하고 해석하며 창의적으로 표현할 수 있도록 다양한 기술과 장비가 융합된 복합 도구 환경을 조성해야 한다.

먼저, 텍스트 및 이미지 생성기는 생성형 AI의 대표적인 도구로 학습자가 작성한 프롬프트 데이터를 기반으로 다양한 시각적 결과물을 즉시 생성한다. 이 과정에서 교사는 학생의 프롬프트 구성을 통해 사고의 흐름과 이해 수준을 진단할 수 있으며, 생성 과정의 기록을 수집해 수업 중 피드백이나 사후 평가 자료로도 활용할 수 있다(Lee et al., 2023).

또한 저비용 센서 보드는 초등학생이 데이터 기반 실험을 직접 설계하고 수행할 수 있도록 돕는 핵심 도구다. 예컨대, 온도 · 습도 · pH · 빛 감지 센서 등을 활용한 '스마트 화단' 프로젝트는 학생들이 주변 환경 데이터를 실시간으로 수집 · 분석하고, 이를 기반으로 한 판단을 통해 소프트웨어와 하드웨어의 융합적 사고를 기를 수 있다(Shumiye, 2024). 이 경험은 데이터를 읽고 쓰는 데이터 리터러시 역량을 자연스럽게 함양하는 데 효과적이다.

마지막으로, 3D 프린터와 증강현실(AR) 뷰어는 STEAM 수업을 더욱 몰입감 있게 만드는 시각화 도구다. 학생들은 자신이 설계한 구조물을 가상 시뮬레이션으로 미리 살펴본 뒤, 실제로 출력하고 조작하는 과정을 통해 반복-수정-완성의 학습 순환 구조를 체득하게 된다. 이는 결과물 중심이 아닌 과정 중심의 학습이라는 STEAM 교육의 핵심 취지와도 부합한다.

AI 기반의 STEAM 수업은 결과뿐 아니라 과정 전체를 성찰하는 평가 방식이 필수적이다. 이를 위해 교사는 제품 완성도, 코드의 정확성과 논리성, 그리고 윤리 점검표를 포함한 다층 포트폴리오 평가 체계를 도입할 수 있다.

특히, 생성형 AI 도구는 학습 과정에서 생성된 프롬프트 이력과 생성물 로그를 자동으로 저장하기 때문에 교사는 이를 기반으로 과정 중심 다층 평가 기준표(multi-layer rubric)를 구축할 수 있다(Khawaji, 2024). 이 평가 방식은 학습의 전 과정을 가시화하고, 교사의 업무 부담을 줄이는 동시에 학습자의 성찰 역량과 책임 의식을 함께 강화한다는 점에서 실용성과 교육적 효과를 모두 갖춘 접근이라 할 수 있다.

AI 융합 STEAM 수업은 '과학적 정확성'과 '예술적 표현력'을 연결하는 다중 모드 학습 공간이다. 교사는 AI · 데이터 도구에 대한 기술적 역량과 이를 교수학습 맥락의 TPACK 2.0 설계력을 바탕으로 콘텐츠, 프로세스, 도구를 통합하고, 윤리적 성찰과 지속 가능한 평가 체계를 수업에 내재화해야 한다. 이를 통해 학생들은 창의적 문제 해결력뿐만 아니라 디지털 시민으로서의 태도와 책임 의식도 함께 성장시킬 수 있다.

초등 과학 수업에서의 AI 활용

AI는 초등 과학 교육의 내용·방법·평가를 동시에 설계하는 동반 설계자로 자리매김하고 있다. 이제 과학 교육은 학습자의 탐구 능력, 비판적 사고력, 문제 해결 능력을 기르는 방향으로 전환되고 있다. 이러한 점에서 AI는 초등 과학 수업의 내용, 방식, 평가에 이르기까지 새로운 가능성을 제시하고 있다. 최근의 연구들은 AI가 과학 개념 학습, 탐구 기반 활동, 개별화된 피드백 제공 등에서 교사와 학생 모두에게 유용한 도구가 될 수 있음을 강조한다.

특히 챗GPT와 같은 생성형 AI는 학생이 던지는 과학적 질문에 실시간으로 응답하며, 탐구의 출발점에서 사고를 촉진하는 데 기여한다. 코치스(Kotsis, 2024a)는 탐구 중심 과학 수업에서 챗GPT 활용이 학생의 질문 생성, 가설 설정, 실험 설계에 모두 유의미하게 증가했다고 했다. 또한 AI 기반 진단-처방 시스템이 학생의 과학 개념에 대한 잘못된 지식을 빠르게 탐지하고, 맞춤형 피드백을 제공함으로써 '개인화된 수업 경험'을 제공한다고 강조했다.

AI 도구 활용에 대한 긍정적인 결과도 있었다. AI 챗봇은 탐구 기반 학습을 심화할 수 있는 도구로서 '가설 설정 → 질문 → 자료 수집 → 해석'의 과학 탐구 과정을 대화형으로 안내하며, 실험 설계나 결과 해석 단계에서 즉각적인 피드백을 제시한다. 교사는 AI를 통해 탐구 활동에 대한 아이디어를 얻고, 차시별 활동을 보다 정밀하게 조정할 수 있었다. 그러나 AI가 생성하는 답변이 반드시 교육과정에 부합하지는 않기 때문에, 교사의 사전 검토와 교육적 재가공이 필수적이라는 지적도 있다(Choi, 2025).

과학 수업에서 학생의 사고 과정을 촘촘히 평가하고, 과학 문해력을 체계적으로 기르기 위해서는 RADEC (Read-Answer-Discuss-Explain-Create) 모델이 유용한 대안이 될 수 있다. RADEC 모델은 학생이 주어진 자료를 읽고, 질문에 답하며, 토론과 설명을 통해 사고를 확장한 뒤 창의적 결과물을 만드는 과정 중심 학습 전략이다. 여기에 생성형 AI를 접목하면, 읽기-토론-창작의 전 과정을 기록·분석할 수 있어 수업의 효과와 개별화된 피드백 수준이 크게 향상된다(Sukmawati & Wahjusaputri, 2024). 연구 결과, 학생들은 이러한 RADEC-AI 수업이 과학 문해력 향상에 긍정적으로 기여했다는 인식을 보였다.

그러나 이러한 기술의 도입은 그 자체로 교육적 이점만을 보장하지 않는다. AI 도구는 그 설계부터 데이터 편향, 프라이버시 침해, 접근성 격차 같은 문제를 동반하기 때문이다. 이든 외(Eden et al., 2024)는 AI가 과학 교육의 접근성을 넓힐 수 있는 동시에 알고리즘의 편향이 특정 사회·경제적 배경의 학생을 더 깊은 소외로 밀어 넣을 위험이 있다고 경고하며, AI 활용 시 공정성, 투명성, 책임성 원칙을 지침으로 제시했다.

이에 따라 초등 현장에서 RADEC-AI 수업을 설계할 때는 최소한의 데이터만 수집하고, 암호화 방식으로 저장하며, 학생과 학부모의 사전 동의를 구하는 등의 책임 있는 AI 활용 절차가 병행되어야 한다. 또한 수업 중에는 모델 편향 사례를 토론 주제로 포함해 학생들이 AI 기술의 한계와 윤리적 고민을 함께 학습하도록 유도할 필요가 있다.

그러나 AI 통합 수업 설계에는 몇 가지 유의점이 따른다. 리와 자이(Lee & Zhai, 2023)는 예비 초등교사들의 수업안을 분석한 결과, 챗GPT의 기능을 정보 제공 도구로만 제한해 활용하는 경우가 많았으며, 이는 AI의 교육적 가능성을 축소할 우려가 있다고 지적한다. 동시에 교사들은 챗GPT가 학생 맞춤형 질문 제공, 자기주도 학습 지원, 형성 평가 도구로 활용될 수 있다고 기대하면서도, 정보의 정확성 부족과 과도한 의존성 증가에 대한 우려를 함께 표명했다.

이와 관련하여, AI에 대한 교사의 수용도와 이해 수준은 매우 중요한 변수다. 알 다라이세(Al Darayseh, 2023)는 과학 교사의 AI 활용 수용에 대한 자기효능감과 태도, 기대 효익이 높을수록 AI 수업 도입 의지가 강하다는 점을 실증적으로 보여 주며, "잘 가르칠 수 있다"는 교사 신념이 AI 도입의 첫 관문임을 시사한다. 동시에 일부 교사들이 AI 내용 숙달에 자신감이 부족하고, 교과 적합성에 어려움이 있다는 점도 밝혔는데(Park et al., 2023), 이는 AI 도입 전 교사 대상의 기술 이해 교육이 병행되어야 함을 의미한다.

초등 과학 수업에서 AI는 교사와 학생 모두의 역할을 새롭게 구성할 수 있는 도구다. 그러나 이 도구의 효과적 활용을 위해서는 기술 그 자체에 대한 맹목적 수용이 아니라 교육적 맥락에 맞춘 창의적이고 비판적인 활용이 전제되어야 한다. AI는 과학 개념을 설명하고, 탐구를 촉진하며, 학습자의 사고를 확장하는 유능한 '디지털 동료'가 될 수 있다. 단, 이 디지털 동료가 제대로 역할을 하기 위해서는 교사의 통찰력 있는 설계와 윤리적 기준이 함께 작동해야 한다.

참고문헌

Ajayi, A.(2024). AI integration in STEM curriculum: A conceptual model for deepening student engagement and learning. *International Journal of Advanced Multidisciplinary Research and Studies*, 4(6), 1645–1654.

Al Darayseh, A.(2023). Acceptance of artificial intelligence in teaching science: Science teachers' perspective. *Computers and Education: Artificial Intelligence*, 4, 100132.

Choi, Y.(2025). Exploring the scientific validity of ChatGPT's responses in elementary science for sustainable education. *Sustainability*, 17(7), 2962

Eden, C. A., et al.(2024). A review of AI-driven pedagogical strategies for equitable access to science education. *Magna Scientia Advanced Research and Reviews*, 10(2), 44–54.

How, M. L., & Hung, W. L. D.(2019). Educing AI-thinking in science, technology, engineering, arts, and mathematics (STEAM) education. *Education Sciences*, 9(3), 184.

Jang, J., et al.(2022). Development of STEM-based AI education program for sustainable improvement of elementary learners. *Sustainability*, 14, 15178.

Khawaji, T. M.(2024). Best practices for implementing AI in STEM education: A systematic literature review. *International Journal of Computer Science and Network*

Security, 24(8), 1–13.

Kotsis, K. T.(2024a). Integration of artificial intelligence in science teaching in primary education: Applications for teachers. *European Journal of Contemporary Education and E–Learning*, 2(3), 27–43.

Kotsis, K. T.(2024b). Artificial intelligence helps primary school teachers to plan and execute physics classroom experiments. *Journal of Effective Teaching Methods*, 2(2), 1–9.

Kotsis, K. T.(2024c). ChatGPT in teaching physics hands–on experiments in primary school. *European Journal of Education Studies*, 11(10), 126–143.

Lee, G. G., & Zhai, X.(2023). Using ChatGPT for science learning: A study on pre–service teachers' lesson planning. *IEEE Transactions on Learning Technologies*, 17, 1643–1660.

Lee, U., et al.(2023). Prompt Aloud!: Incorporating image–generative AI into STEAM class with learning analytics using prompt data. *Education and Information Technologies*, 29(8), 9575–9605.

Nezhyva, L. L., et al.(2025). AI tools for sustainable primary teacher education: Literary–artistic content generation. In *Proceedings of the 7th International Workshop on Augmented Reality in Education* (pp. 134–148). CEUR–WS.

Ning, Y., et al.(2024). Teachers' AI–TPACK: Exploring the relationship between knowledge elements. *Sustainability*, 16, 978.

Park, J., et al.(2023). Integrating artificial intelligence into science lessons: Teachers' experiences and views. *International Journal of STEM Education*, 10(61), https://doi.org/10.1186/s40594-023-00454-3

Shumiye, Y. D.(2024). Artificial intelligence program implementation in STEM education: Cases of Ethiopia STEM Center. *European Journal of Health and Biology Education*, 11(1), 7–12.

Sukmawati, W., & Wahjusaputri, S.(2024). Integrating RADEC model and AI to enhance science literacy: Student perspectives. *Jurnal Penelitian Pendidikan IPA*, 10(6), 3080–3089.

Wulandari, E., et al.(2021). Digital citizenship education: Shaping digital ethics in Society 5.0. *Universal Journal of Educational Research*, 9(5), 948–956.

Yao, N., & Abd Halim, N. D.(2023). Analyzing factors influencing primary school teachers' acceptance willingness of artificial intelligence technology. In *Proceedings of the 6th International Conference on Educational Technology Management* (pp. 35–41). ACM. https://doi.org/10.1145/3637907.3637951

09
데이터 프라이버시와 디지털 안전

초등학생이 데이터 시대를 안전하게 탐험할 수 있도록 돕는 세 가지 축을 다룬다. 초등학생이 스스로 정보 주체임을 이해하도록 돕고, 강력한 비밀번호, 이중 인증, 앱 권한 관리 같은 생활 속 데이터 보호 습관을 제시한다. 또한 권리 인식, 보호 실천, 체험 학습의 흐름을 통해 기술 친화적이면서도 책임감 있는 디지털 시민으로 성장할 수 있는 토대를 마련한다.

AI와 화장품?

초등학생의 데이터 프라이버시 권리

데이터 기반 학습 환경이 확산하면서 초등학생 역시 디지털 생태계의 정보 주체로 자리매김하고 있다. 이들이 생성하거나 공유하는 학습 데이터, 행동 로그, 정서적 반응 정보는 교육적 가치를 지니는 동시에 민감 정보로 분류돼야 한다. 실제로 학교 정보 시스템은 출결 · 건강 기록부터 개별 학습 성취도까지 고도의 개인 데이터를 저장 · 처리하며, 이러한 자산은 사이버 공격의 표적이 되기 쉽다(Watini et al., 2024). 따라서 초등학생에게도 성인과 동등한 수준의 프라이버시 권리, 나아가 추가적 보호 장치가 필수적이다.

유럽연합이 2018년 5월 발효한 일반 개인정보 보호규정(General Data Protection Regulation, GDPR) 제8조와 다수 국가의 개인정보보호법은 13세 미만 아동의 정보 처리 시 '명확하고 이해하기 쉬운 설명'을 의무화한다. 교사와 플랫폼 공급자는 수집 목적, 보유 기간, 데이터 이전 여부를 어린이 눈높이에 맞춘 언어와 시각 자료로 안내해야 한다. 하지만 교사와 플랫폼 공급자가 이를 실제로 준수하려면 국가별, 문화권별 규제 차이를 고려한 다층적 고지 체계가 필요하다.

국제 비교 연구는 예비 교사들이 자국의 데이터 정책

을 제대로 이해하지 못해 교육용 소셜미디어 사용 시 법적 불확실성을 느낀다. 연구는 예비 교사들이 소셜미디어가 학습과 전문성 개발에 도움이 될 수 있다고 보면서도, 개인정보 보호 문제와 관련된 지식과 경험은 여전히 부족하다는 점을 지적한다(Marin et al., 2023). 따라서 학교는 어린이 눈높이 시각 자료와 함께 보호자 · 학생에게 데이터 대시보드를 제공해 데이터 흐름을 투명하게 보여 줄 필요가 있다. 부모(법정 대리인)에게는 별도의 상세 고지를 제공하되, 아동 자신도 데이터 흐름을 직접 확인 · 통제할 수 있는 '데이터 대시보드'를 제공하는 방식이 권장된다(Watini et al., 2024).

아동 데이터 처리는 '사전 명시적 동의(opt-in)'가 원칙이다. 학부모 동의만으로는 충분치 않으며, 아동이 이해 가능한 범위에서 자발적 선택권을 행사하도록 설계해야 한다. 만약 학생이 동의를 철회하더라도 학습 기회가 제한되지 않도록 대체 학습 경로를 제공해야 하며, 철회 즉시 불필요한 데이터는 파기 · 익명화해야 한다. 와티니 외(Watini et al., 2024)는 초등학생 정보는 원칙적으로 최소한만 수집해야 하고, 수집 목적이 달성되면 바로 삭제해야 한다. 나아가 교육용 플랫폼은 암호화, 다단계 인증, 역할 기반 접근 제어 같은 강화된 보안 인프라를 기본값으로 구현해야 한다. 조사에 따르면 미국 성인 10명 중 7명은 "정부나 기업이 자신의 데이터를 어떻게 사용하는지 이해하지 못한다"고 답했으며, 어린이 정보를 대신 관리하는 보호자 역시 같은 불안을 공유한다(Pew Research Center, 2023).

특히 초등학교는 예산과 전문 인력 한계로 보안 투자가 취약하므로, 기본 설정에서 강력한 보호가 관건이다. 데이터 유출 시 학교는 72시간 내 감독 기관 및 학부모에게 통보하고 즉각적 피해 최소화 조치를 해야 한다(Chudasama et al., 2024). 또한 와티니 외(Watini et al., 2024)는 정기적 사이버 보안 교육이 모든 이해관계자(학생 · 교사 · 학부모)의 위험 인식을 높여 플랫폼 보안을 강화한다고 제안한다. 결국 학교, 가정, 지역사회가 연계된 거버넌스가 있어야 한다. 학교는 정기적으로 데이터 사용 내용을 공시하고, 학부모 · 학생 대표가 참여하는 프라이버시 협의체를 운영해 정책을 상시 점검 · 개선해야 한다.

이러한 교육적 노력은 학생이 스스로 '데이터는 나의 자산'임을 인식하고, 안전한 비밀번호 생성, 과도한 위치 공유 자제 등 생활 속 실천을 익히도록 하는 AI 데이터 리터러시 교육이 핵심이다. 이를 통해 초등학생은 기술

친화적이면서도 책임감 있는 디지털 시민으로 성장할 수 있다.

개인정보 보호를 위한 실천

디지털 교실이 확산하면서 초등학생의 개인정보 보호는 교육 현장의 중요한 과제로 부상하고 있다. 그러나 최근 연구들은 학생, 교사, 학부모 모두가 개인정보 보호에 대한 기본적 지식과 실천 역량을 충분히 갖추지 못하고 있음을 지적한다. 개인정보 보호는 기술적 조치만으로 해결되지 않으며, 기술 중심 대책과 행위 중심 문화가 유기적으로 결합해야 비로소 효과를 거둘 수 있다. 이를 위해 다음과 같은 다섯 가지 전략이 요구된다.

첫째, 사이버 보안 체계(Base-line Security Hygiene) 구축이 시급하다. 와티니 외(Watini et al., 2024)는 교육용 플랫폼 침해 사고를 예방하기 위해 다단계 인증(MFA)과 비밀번호 관리자 도입을 플랫폼 기본값으로 설정할 것을 권고했다. 특히 학생 계정의 경우, 2단계 인증을 의무화하고 정기적인 비밀번호 변경을 독려하는 시스템 설계가 필요하다.

둘째, 개인정보 내재화 설계(Privacy-by-Design) 원칙을 플랫폼 개발 초기부터 반영해야 한다. AI 기반 학습 분석 시스템은 최소 수집, 가명, 차등 보호, 암호화 기본값의 원칙에 따라 설계돼야 하며, 연합 학습 기술을 도입하면 원본 학생 데이터를 로컬에 유지하면서도 학교 간 협력적 모델 개선이 가능하다(Yanamala & Suryadevara, 2024). 이는 데이터 외부 유출 위험을 최소화하는 효과적인 방법이다.

셋째, 정기적 위험 평가와 투명한 통보 체계를 구축해야 한다. 리 외(Li et al., 2023)는 데이터 보안 위기의 핵심 요인을 분석하며, 관리적 · 기술적 · 인적 취약 요인을 체계적으로 점검하고 사전 예방 대책을 강화할 필요가 있다고 강조했다. 연구는 특히 데이터 보안에서 투명성 확보와 신속한 대응 체계가 학교 · 가정 · 지역사회 간 신뢰 거버넌스를 강화하는 데 중요하다고 지적한다.

넷째, 생활 밀착형 데이터 리터러시 교육이 기술적 장치를 완성한다. 사이버 보안 교육에 대한 메타분석에 따르면 게임화(gamification)와 프로젝트 기반 학습(PBL)이 전통적인 강의식 수업보다 학생들의 위험 인식과 행동 변화를 유의미하게 향상하는 것으로 나타났다(Saglam et al., 2023). 예컨대 '비밀번호 제작 챌린지', '가짜 피싱 메일 찾기'와 같은 체험형 활동은 초등학생이 사이버 위험을 실감하고 적극적으로 대응 전략을 학습하도록 돕는다.

다섯째, 학부모와 교사를 아우르는 '공동 사용 수칙'을 마련해야 한다. 아크만 등(Akman et al., 2023)은 교사와 학부모 간 협력 프로그램이 디지털 보안 의식을 향상한다고 보고했다. 구체적으로 가정용 공유 태블릿에 '주 1회 캐시 비우기', '앱 권한 점검' 등 체크리스트를 제공하고, 학교는 월간 보안 뉴스레터 발행과 실습형 학부모 워크숍 운영을 통해 가정과 학교 간 공동 대응 체계를 강화해야 한다.

이와 같이 개인정보 보호 실천은 '기술-환경-행위' 삼각 구조가 촘촘하게 얽혀야 비로소 효과를 발휘한다. 강력한 기술적 보호 장치가 마련되어도 사용자 인식과 조직 문화가 뒷받침되지 않으면 보안 체계에는 허점이 발생한다. 반대로, 인식과 문화만으로는 취약한 시스템을 막아내기 어렵다.

따라서 학교는 사이버 보안 체계 확립, 개인정보 내재화 설계, 위험 평가와 투명성 강화, 체험형 리터러시 교육, 가정-학교 협력 시스템이라는 다층적 전략을 통합해 초등학생의 개인정보를 실질적으로 보호하는 지속가능한 디지털 생태계를 구축해야 한다.

교실 속 디지털 안전 활동

디지털 안전 교육은 위험 인식, 보호 기술 습득, 책임 있는 실천의 단계적 경험을 제공할 때 가장 효과적이다. 최근 연구들이 제안한 네 가지 핵심 토대(4Cs), 사이버 보안 체계, 참여형 학습, 안전 감수성을 통합해 초등 교실에서 실행할 수 있는 활동 모델을 실천할 때다.

초등학생들이 디지털 환경 속 위험을 주체적으로 인식하고 대응 역량을 기를 수 있도록 설계된 대표적 활동이 바로 '4Cs 디지털 탐정 게임'이다. 이는 추상적인 온라인 위험 개념을 학생 눈높이에 맞게 놀이 기반 탐구 수업으로 구조화한 사례로, 높은 몰입도와 학습 효과를 동시에 보여 준다(Jang & Ko, 2023).

4Cs 디지털 탐정 게임 수업은 먼저 학생들의 디지털 발자취(Digital Footprint)를 떠올리며 시작된다. 교사는 칠판에 "오늘 내가 인터넷에서 남긴 흔적은 무엇일까?"라는 질문을 던지고, 학생들이 떠올리는 검색어, 댓글, 게임 채팅, 팝업 광고 등 다양한 키워드를 자유롭게 적도록 유도한다. 이 과정을 통해 추상적인 개념이 개인의 구체적 경험과 연결되며, 학생들은 일상 속 디지털 활동이 온라인 위험과 직결된다는 사실을 인식하게 된다.

이어서 학생들이 적은 단어들을 유해 콘텐츠(Content),

위험한 접촉(Contact), 부적절한 행위(Conduct), 부당한 거래(Contract) 등의 4Cs에 따라 분류한다. 이 네 범주는 색깔별로 구분된 시각 도구를 통해 한눈에 정리되며, 학급 전체가 함께 만든 '위험 레이더 맵'은 수업 몰입도를 높이는 동시에 디지털 위험을 체계적으로 범주화하는 경험을 제공한다.

다음 활동은 '디지털 사건 해결' 미션이다. 학생들은 소그룹으로 나뉘어 악성 댓글, 개인정보 요구 메시지, 허위 결제창 등의 실제 사례 카드 12장을 무작위로 배부받는다. 각 팀은 카드를 분석하면서 "이 사례는 4Cs 중 어떤 유형에 해당하는가?", "왜 그렇게 판단했는가?", "우리가 취할 수 있는 대응 전략은 무엇인가?"와 같은 질문에 대한 답을 탐정처럼 찾아낸다. 학생들은 토론을 통해 근거 기반 분류와 대응 전략 수립을 연습하며, 학습 목표였던 위험 식별력과 문제 해결력을 동시에 함양하게 된다. 발표 시간에는 각 그룹이 사건 보고 형식의 역할극을 통해 해결 내용을 공유하고, 다른 팀의 피드백을 수렴함으로써 협업적 의사소통 능력도 강화된다.

마지막 단계는 자기 성찰과 공동 실천 설계다. 학생들은 4Cs 점검표를 바탕으로 각 유형의 위험 빈도와 심각도를 평가한 뒤 '우리 반 TOP 3 위험'을 선정한다. 이어서 이 위험 요소를 중심으로 가정과 연계한 예방 수칙을 함께 만들어 '우리 집 디지털 안전 수칙'을 완성한다. 이는 교실에서 배운 내용을 가정까지 확장함으로써 학교-가정 연계 교육 효과를 높이는 실천적 전략이다. 전체 수업의 목표는 4Cs 범주를 이해하고 실제에 적용하며, 예방 행동 계획을 수립하고 실천하고, 자기평가와 상호 평가를 통해 학습 과정을 성찰하는 데 있다.

다음은 AI 안전 카드를 이용한 토론 수업이다. AI 도구가 일상이 된 교실에서는 기술 활용 능력과 더불어 안전 · 윤리 감수성을 길러야 한다. 이를 위해 안전, 정체성, 태도, 비판적 이해, 실행 역량(Safety, Identity, Attitude, Cognition, Capability, SIACC) 모델을 카드 형태로 시각화한 토론 중심 활동을 설계한다.

먼저 다섯 가지 색으로 구분된 카드를 준비한다. 예를 들어 파란색 안전(Safety) 카드에는 "AI 챗봇이 집 주소를 묻는다" 같은 상황이, 초록색 정체성(Identity) 카드에는 "그림 AI 앱에 내 사진을 업로드한다"와 같은 시나리오가 적혀 있다. 각 조는 다섯 장의 카드를 받아 3분 동안 해결책을 설계하고, 역할극으로 발표한다. 발표가 끝나면 해결책이 SIACC의 어느 차원에 해당하는지 칠판의 다섯 영역으로 이동시키며 차원 간 상호 의존성을 시각적으로 확인한다. 루오 외(Luo et al., 2024)는 안전과 정체성(Safety-Identity) 차원이 나머지 세 차원의 기반이 된다고 보고했는데, 이러한 연결을 위한 활동이 그 구조적 관계를 직관적으로 보여 준다.

두 활동 중 4Cs가 위험을 '명명 · 구조화'하는 틀이라면, SIACC는 AI 시대에 필요한 '안전 · 정체성 · 역량'의 성장 로드맵을 제공한다. 4Cs 탐정 게임으로 위험 감지 능력을 키우고, 기본 보안 습관(비밀번호, 피싱 대응)을 몸으로 익힌 뒤 SIACC 카드 토론으로 윤리적 판단과 실천 능력을 확장하는 연속적 학습 설계가 초등 디지털 안전 교육의 논리적 완결성을 높인다.

이 외에도 교실에서 적용할 수 있는 참여형 · 체험형 디지털 안전 활동이 다양하게 제안되고 있다. 가장 대표적인 예로 '비밀번호 릴레이' 활동이 있다. 이 활동은 3분 안에 뚫리는 취약한 비밀번호와 3일 이상 걸리는 강력한 비밀번호의 차이를 시연함으로써 학생들에게 보안 강도의 개념을 직관적으로 이해시키는 데 목적이 있다. 이후 팀별로 패스프레이즈 만들기, 가상 계정에 다단계 인증 적용해 보기 등의 실습이 이어진다(Watini et al., 2024).

이와 함께 '피싱 탈출(Escape-Room)' 시뮬레이션은 교실을 '디지털 방'으로 꾸며, 가짜 이메일, QR 코드, 채팅 링크 등 다양한 피싱 요소를 배치한다. 학생들은 제한된 시간 내 단서를 추적하고 위협을 식별·차단해 탈출에 성공하는 것이 목표다. 이 과정은 디지털 환경에서 마주칠 수 있는 사회공학적 공격에 대한 대응력을 길러 준다. 게임 기반 몰입과 현실적 위험 대응 훈련이 동시에 이루어지는 효과적인 프로그램이다(Saglam et al., 2023).

또한 '데이터 발자국 비주얼 맵' 활동은 학생들이 일주일간 남긴 온라인 흔적(검색어, 위치 태그, 좋아요 등)을 색종이나 스티커로 시각화하고, 정보 공개 범위를 조정함에 따라 디지털 지도의 색상 변화를 비교하게 한다. 이를 통해 학생들은 데이터가 어떻게 수집되고, 어떻게 추적될 수 있는지를 시각적으로 인지하며, 자신의 정보 노출에 대한 통제감과 책임감을 자연스럽게 익혀 추상적인 '프라이버시' 개념을 구체적인 체험으로 전환한다(Freed et al., 2023).

이러한 연구와 사례들은 공통으로 참여형 학습, 게임화된 상황, 가정 및 지역 사회와의 연계가 학생의 디지털 안전 역량을 실질적으로 강화할 수 있음을 나타낸다. 따라서 교실에서 활동을 설계할 때는 4Cs 위험 분류에 기반한 현실 기반 문제 상황 제시하기, 보안 개념을 단순히 설명하는 것이 아니라 신체 활동과 놀이로 체화할 수 있도록 게임 요소 설계하기, 학부모 · 지역사회와 함께 결과물을 공유하고 확산함으로써 디지털 안전을 생활 습관으로 연결하기 등의 세 가지 원칙을 고려하는 것이 필요하다. 이러한 접근은 초등학생이 외부의 지시 없이도 위험을 감지하고 스스로 대응할 수 있는 '회복탄력성'과 '자율성'을 함양하는 방향으로 나아간다.

참고문헌

Akman, E., et al.(2023). An investigation into the levels of digital parenting, digital literacy, and digital data security awareness among parents and teachers in early childhood education. *Participatory Educational Research*, 10(5), 248-263.

Chudasama, D., et al.(2024). Awareness of data privacy breach in society. *International Journal of Advanced Research and Interdisciplinary Scientific Endeavours*, 1(7), 367-373.

Freed, D., et al.(2023). Understanding digital-safety experiences of youth in the U.S. In *Proceedings of the 2023 CHI Conference on Human Factors in Computing Systems* (pp. 1-15). ACM. https://doi.org/10.1145/3544548.3581128

Jang, Y., & Ko, B.(2023). Online safety for children and youth under the 4Cs framework-A focus on digital policies in Australia, Canada, and the UK. *Children*, 10(8), 1415.

Li, J., et al.(2023). Data security crisis in universities: Identification of key factors affecting data breach incidents. *Humanities and Social Sciences Communications*, 10, 270.

Luo, W., et al.(2024). Safety, identity, attitude, cognition, and capability: The 'SIACC' framework of early childhood AI literacy. *Education Sciences*, 14(8), 871.

Marin, V. I., et al.(2023). Social media and data privacy in education: An international comparative study of perceptions among pre-service teachers. *Journal of Computers in Education*, 10(4), 769–795.

Pew Research Center.(2023). How Americans view data privacy: The role of technology companies, AI and regulation – plus personal experiences with data breaches, passwords, cybersecurity and privacy policies. https://www.pewresearch.org

Saglam, R. B., et al.(2023). A systematic literature review on cyber security education for children. *IEEE Transactions on Education*, 66(3), 274–266.

Watini, S., et al.(2024). Cybersecurity in learning systems: Data protection and privacy in educational information systems and digital learning environments. *International Transactions on Education Technology*, 3(1), 26–35.

Yanamala, A. K. Y., & Suryadevara, S.(2024). Navigating data protection challenges in the era of artificial intelligence: A comprehensive review. *Revista de Inteligencia Artificial en Medicina*, 15(1), 113–146.

10
AI와 미래형 초등 교실

AI는 초등 교실의 모습과 학습 방식을 크게 바꾸고 있다. 특히 학생들에게 AI를 책임 있게 사용하는 태도와 비판적 사고력을 함께 요구한다. 이를 위해 초등학생들이 AI를 바르게 활용할 수 있도록 하는 7가지 실천적 습관을 제안하고, 앞으로 해결해야 할 교육적, 윤리적 과제와 그에 따른 방향성까지 짚어 본다.

종교와 AI?

AI로 바뀌는 초등 교실

최근에 초등학교 교실은 AI로 개별화, 창의성, 윤리성을 동시에 요구받는 다층적 학습 공간으로 재편되고 있다. 교육 초기에는 '코딩 놀이' 수준이었으나, 이제 학생들은 AI의 원리를 이해하고 AI를 응용하며 AI의 영향과 한계까지 성찰하는 전방위 역량을 기르는 단계로 진입하고 있다. 초등학교 학생들이 AI와 함께 성장하고 창의력을 키우기 위해서는 교실 환경이 보다 지능적이고 맞춤형으로 변화해야 한다(Ng et al., 2022).

AI는 학생들의 학습 속도와 스타일에 따라 개별 맞춤형 학습 환경을 제공하는 능력을 갖추고 있다. AI 기반 적응형 플랫폼은 학생의 수행 데이터를 실시간으로 분석해 문제 난이도를 조정하거나 즉각적 피드백을 제공해 학습 지속 동기를 높인다(Lee & Kim, 2022). 더 나아가 초등 수업에서 머신러닝 훈련, 모델 적용, 오류 분석의 손쉬운 체험 과정을 설계해 학생 스스로 학습 속도와 전략을 조정하도록 유도한다(Simbeck & Kalf, 2024).

수학 수업에서는 AI 학습 플랫폼이 학생의 성과에 따라 문제의 난이도를 자동으로 조절하며, 즉각적인 피드백을 제공해 학생들의 학습 동기와 이해력을 높이는 데 도움을 준다(Li & Manzari, 2025). 또한 디지털 스토리텔링과 같은 창의적 학습법을 통해 초등학생들은 AI를 활용해 실제 삶에서 문제를 해결할 수 있는 능력을 기르고 있다(Ng et al., 2022).

또한 유 외(Yue et al., 2025)의 SAILD 프레임은 학생을 'AI 리터러시 디자이너'로 재정의해 문제 탐색, 프로토타입 제작, 윤리 검증 전 과정을 학생이 주도하도록 설계했다. SAILD는 'Students as AI-Literate Designers'의 줄임말이다. 용어 그대로 "학생을 AI 리터러시(기술, 윤리, 사회적 이해) 역량을 지닌 설계자"로 위치시킨다.

수업 단계는 디자인 사고 흐름을 따르되, 단계마다 AI 도구 활용과 윤리 검증을 끼워 넣는다. 문제 탐색(Problem Exploration)은 실제 생활이나 지역 문제를 정의하고, 아이디에이션 및 프로토타입 제작(Ideation & Prototyping)에서 프로토타입에 해당하는 '시제품'을 제작해 학생이 코딩 블록과 머신러닝 도구를 사용해 초기 AI 해결책을 만드는 과정을 거친다. 다음은 시험 및 윤리 검증(Testing & Ethical Review) 단계로, 편향 · 저작권 · 프라이버시 점검표를 이용해 AI 결과를 점검한다. 마지막은 반복 개선 및 공유(Iteration & Sharing) 단계로, 클래스 전시와 동료 피드백을 거친다. 이 과정은 학생 주도성을 극대화하며, 지식, 협력, 윤리 판단 능력을 통합적으로 길러 준다. 실제 적용 연구에서, 프로젝트 완료 후 창의적 문제 해결력과 윤리적 논증 능력이 모두 향상된 것으로 나타났다(Yue et al., 2025).

특히 AI 도구를 이용한 교사 양성 과정은 학생들이 문학적, 예술적 콘텐츠를 더욱 흥미롭고 창의적으로 탐구할 수 있도록 돕는다(Nezhyva et al., 2024). 이러한 AI 도입은 교사와 학생 모두에게 교육적 혁신을 촉진하는 동시에 교사의 역할을 지식 전달자에서 학습의 촉진자와 안내자로 변화시키고 있다.

하지만 AI 활용이 확대되면서 이를 수업에 효과적으로 적용하기 위한 교사들의 기술적 · 교육적 역량이 더욱 중요해지고 있다(Zhao et al., 2022). AI 잠재력을 충분히 활용하기 위해 교사들의 지속적인 연수와 지원이 필요하며, 학생들에게 AI 리터러시를 지도할 수 있는 역량 강화가 필수적이다. 교사-학부모-학생 삼각 워크숍은 생성형 AI의 활용 이점과 우려(저작권, 편향, 학습 주체성)를 논의하는 것을 넘어서서 교사 중재 모델 설계를 제안했다(Han et al.; 2024). 이러한 움직임은 AI 리터러시를 시민 사회의 기본권으로 규정하자는 벤톤(Benton, 2023)의 철학적 논의와도 맞닿아 있다.

초등 교실에서 AI의 적극적 활용은 교육 환경을 맞춤

형이고 창의적인 학습 공간으로 바꾸고 있다. 이러한 변화는 AI의 가능성을 최대한 활용하면서 동시에 학생들이 책임감을 느끼고 윤리적으로 기술을 활용할 수 있도록 지도하는 방향으로 나아가야 한다.

AI를 바르게 쓰는 7가지 습관

초등 교실에서 AI는 '무한히 도와주지만 완벽하지는 않은 동료'라는 전제 위에 서야 한다. AI를 바르게 쓰는 7가지 습관은 AI와 인간의 역할 구분, 비판적 수용, 메타인지 성찰, 예의 있는 소통, 프롬프트 정교화, 투명한 출처 표시, 오류 검증과 협업 활용이다. 이 7가지 습관은 기술적 도구로서 AI를 이해하고, 책임감 있게 사용하며, 비판적으로 성찰하는 학습 곡선을 따라 배열되었다.

먼저 AI와 사람의 역할 차이를 구별하고 이해해야 한다. AI와 사람은 각자 잘하는 일이 다르다. AI는 방대한 정보를 빠르게 찾아 주고 문제 해결에 도움을 주지만, 사람만이 할 수 있는 일들도 있다. 예를 들어 친구의 마음을 이해하고 위로해 주거나, 새로운 아이디어를 찾는 창의적 일은 사람의 역할이다. 학생들은 AI를 기술적 도구로 이해하고, 어떤 일은 AI가 도와줄 수 있지만 어떤 일은 여전히 사람이 해야 한다는 것을 배워야 한다.

이중 대비 교수법(Dual-Contrast Pedagogy)은 사람과 AI 비교가 개념 이해와 불안 감소에 효과적임을 입증했다(Dai, 2024). 수업 시간에 "어떤 일은 AI가 잘하고 어떤 일은 사람이 잘할까"라는 주제로 토론하거나 카드 맞추기 게임을 진행하면 학생들에게 유익하다.

다음은 AI의 조언을 맹목적으로 따르지 않고 판단하기다. AI가 발전하면서 우리는 AI의 조언과 추천을 손쉽게 활용할 수 있게 되었다. 그러나 중요한 판단은 여전히 사람이 해야 한다는 점을 잊어서는 안 된다. AI는 검색 결과를 추천하거나 정보를 제공할 수 있지만, 그 판단이 항상 옳거나 도덕적인 것은 아니다. AI가 제시하는 답변은 데이터 학습에 기반하므로 때로는 편향되거나 상황에 부적합할 수 있다. AI의 조언을 맹목적으로 따르는 것은 디지털 시민에게 요구되는 책임 있는 태도와는 거리가 있다.

따라서 자신의 판단 과정을 돌아보고 설명할 수 있는 메타인지가 필수적이다. AI 추천을 수용할지를 판단할 수 있는 자기 사고력과 비판적 수용 능력, 즉 메타인지는 자신의 사고 과정을 성찰하고 조절하는 능력으로 AI와의 상호작용 속에서도 매우 중요한 인지 도구가 된다. 최근 연구는 메타인지 훈련을 받은 학생일수록 AI의 조언을 수동적으로 받아들이기보다 그것을 스스로 판단하고 조정하는 절차를 더 잘 내면화함을 보여 준다(Lee & Kim, 2022). 이러한 능력은 특별한 환경이 아니라 일상적인 교실 수업에서도 체계적으로 기를 수 있다.

AI와 소통할 때는 마치 친구에게 대하듯 예의를 지키는 것이 좋다. 학생들이 AI에 질문하거나 부탁할 때 친절한 말투를 쓰도록 지도하면, 디지털 환경에서도 바른 언어 습관을 기를 수 있다. 디지털 스토리 쓰기 수업에서 언어 예절 교육이 긍정적 온라인 태도를 강화한다(Ng et al., 2022). "AI에 부탁할 때 어떤 말부터 시작하면 좋을까?"라는 질문을 던져 학생들과 함께 생각해 볼 수 있다. 학생들은 "~해 주세요", "고마워" 등 예의를 담은 표현을 사용하며 AI에 존중을 나타낼 수 있음을 배운다. 활동 중 AI가 이상한 응답을 하면, 교사는 "AI도 가끔은 잘못 이해할 수 있어"라고 설명해 준다.

AI에 나를 잘 소개한다. 또 AI에 질문할 때는 상대방에게 상황을 설명하듯 구체적이고 맥락 있게 프롬프트를 쓰는 것이 중요하다. 학생들이 궁금한 것이 있을 때 AI에 막연하게 묻기보다는 무엇을 알고 싶은지 자세히 설명하도록 지도한다. 초등학교 대상 머신러닝 워크숍에서 맥락을 포함한 프롬프트가 학습 정확도를 올려 주는 결과를 보여 주기도 했다(Simbeck & Kalf, 2024). 수업 활동으로 학생들에게 같은 주제로 일반적인 질문과 자세한 질문을 하나씩 만들어 AI에 던져 보도록 한다. 두 질문에 대한 AI의 답변을 비교해 보면서 학생들은 '프롬프트 품질 점검표'를 작성해 구체적으로 소개하고 질문하는 방식의 중요성을 깨닫는다.

AI의 도움을 받았다는 것을 투명하게 밝힌다. AI의 도움을 받아 과제를 완성했을 때는 그 사실을 솔직하게 밝히는 것이 중요하다. 이는 자신의 노력과 AI의 도움을 구분하고, 정직하게 학습에 임하는 태도를 기르는 연습이다. 학생들이 AI에 책의 주제를 요약해 달라고 부탁했다면, 독후감 맨 끝에 "AI의 도움을 받아 내용을 정리했습니다"라고 적으면 된다. 교사는 AI 사용을 무조건 금지하기보다는 "어떤 도움을 받았는지 밝히는 것도 능력의 하나야" 등 긍정적인 말로 학생들을 안심시킨다. 발표나 과제를 공유할 때 각 학생이 "이번 활동에서 AI에 받은 도움"을 한 가지씩 이야기하게 해 보는 것도 좋은 방법이다.

작업할 때 AI를 초대하는 습관도 필요하다. AI는 과제를 대신 해 주는 존재가 아니라 협력하여 더 좋은 결과를 만들도록 돕는 도구라는 관점을 유지한다. 학생 주도 AI

디자인 설계와 AI 협업을 통해 창의성과 문제 해결력을 증진한다는 결과도 있다(Yue et al., 2025). 학생들이 과제나 프로젝트를 할 때 필요한 순간에 AI를 초대하여 아이디어를 얻거나 문제 해결의 실마리를 찾도록 한다.

교사는 수업에서 AI와 협력하는 과정을 직접 시연하거나 연습 기회를 제공할 수 있다. 글쓰기 시간에 "이야기 속 다음 장면에 어떤 일이 일어날까?"라는 물음으로 학생들이 이야기를 이어 쓰게 한 뒤 AI에 같은 질문을 해보도록 한다. 글쓰기 · 프로젝트 단계별로 'AI → 친구 → 나' 순서로 아이디어 브레인스토밍이 가능하다.

마지막으로, AI는 완벽하지 않다는 점을 기억해야 한다. 오늘날의 AI는 매우 똑똑해 보일 수 있지만, 여전히 오류 가능성을 안고 있다. 때로는 사실과 다른 답을 하거나, 맥락에 맞지 않는 결과를 제시하기도 한다. 예를 들어, 어린이 대상 사이버 보안 교육에서는 '오류 탐지 훈련'이 비판적 사고 능력을 효과적으로 향상한다는 연구 결과가 있다(Saglam et al., 2023). 이처럼 AI의 응답을 맹신하지 않고, 확인과 검증의 과정을 거치는 습관은 AI 리터러시 교육의 핵심 요소다(Watini et al., 2024).

따라서 교사는 수업 중 AI의 한계를 교육적으로 활용해야 한다. AI가 틀릴 수 있음을 단순히 설명하는 데 그치지 않고, 학생들이 직접 그 오류를 발견하고 분석하는 활동으로 연결할 수 있다. 예를 들어, 학생들과 함께 AI에 일부러 대답하기 어려운 질문을 던져 보고, 엉뚱한 답변이 나왔을 때 "어디가 잘못되었는지", "왜 이런 답이 나왔는지"를 함께 토론해 보는 것이다. 이후 잘못된 정보를 교정하는 과정으로 이어지면 더욱더 효과적이다. 학생들이 책이나 공신력 있는 자료를 활용해 정답을 찾아보도록 하고, AI의 응답과 비교하며 평가·분석하는 활동을 통해 비판적 사고력과 정보 검증 역량을 함께 기를 수 있다.

결국 AI 리터러시 교육과정은 기술의 이해부터 사람과 AI 역할 구분, 최종 판단 권한을 통해 어디까지나 AI를 보조로 위치시키고 책임 소재를 명확화하는 교육이 필요하다. 다음은 책임 있는 사용이다. 디지털 윤리, 정확한 프롬프트, 투명한 출처 표시를 통해 학생들의 윤리 감수성과 메타인지를 강화할 수 있다. 끝으로 비판적·창의적 확장을 위한 협업 도구로 AI를 초대하고, AI의 한계를 검증한 후 창의적 문제 해결과 비판적 사고력을 동시에 촉진한다.

이상의 7가지 습관을 통해 학생들은 AI를 유용한 학습 도구로 삼으면서도 책임감 있고 현명하게 사용할 수 있게 된다. 이처럼 교사는 촉진자, 학생은 AI 리터러시 디자이너 위치로 전환된다(Zhao et al., 2022). 7가지 습관을 잊지 않고 지속적으로 교육과정에서 '습관 · 규칙'으로 실행하면 교실은 안전 · 투명 · 창의가 공존하는 학습 생태계로 진화한다.

미래 초등 교실의 기대와 과제

지금까지 살펴본 사례가 시사하듯, AI 도입은 초등 교실을 개별화, 창의성, 윤리가 결합한 하이브리드 학습 공간으로 재구성하고 있다. 앞으로 등장할 초거대 다중모달 생성형 AI와 실시간 학습 분석 도구는 이러한 변화를 한층 가속할 것이다(Dai, 2024; Yue et al., 2025). 이처럼 기술의 발전은 미래 초등 교실에 기대되는 변화와 풀어야 할 과제가 공존하기 마련이다.

우선 기대되는 변화로는 초개인화되는 학습 생태계, 학생 주도 AI 교육 문화 확산, 멀티모달 · 실감형 교실로의 인프라 도입이 있다.

차세대 AI 튜터는 음성 · 텍스트 · 이미지 · 센서 데이터를 통합 분석해 학습자의 정서와 몰입도까지 실시간으로 반영한다. 이는 난이도 자동 조정, 즉각적인 피드백, 정서적 코칭을 한 번에 제공해 학습 동기와 학업 성취를 동시에 향상할 것으로 전망된다(Lee & Kim, 2022; Han et al., 2024).

AI를 직접 '만지고, 조립하고, 설계해 보는' 학생 주도(AI maker) 교육 문화의 확산이다. 즉 AI 도구와 알고리즘을 활용해 학생 스스로 디지털·물리적 산출물을 만드는 창작자로서 학생들이 주도할 수 있다. 앞서 살펴본 SAILD 모델이 보여 주듯, 학생은 AI 도구의 '사용자'를 넘어 AI 리터러시 디자이너로 자리매김한다(Yue et al., 2025).

교사가 시켜서가 아니라 스스로 문제를 찾고, 아이디어를 내고, 프로토타입을 반복 개선하는 수업 속에서 학생들은 문제 탐색-프로토타입-윤리 검증을 반복하며 창의적 문제 해결력과 시민적 책임감을 함께 키우는 프로젝트 기반, 디자인 사고, 해커톤 형태의 학습 수업이 보편화될 것이다.

앞으로 초등 교실은 음성 인식 칠판, AR/VR 기반 실험실, 블록형 로봇 등이 통합된 스마트 러닝 스튜디오가 정규 교실로 확장된다(Simbeck & Kalf, 2024). AI 시스템은 교사의 설명, 학생의 몸짓, 환경 소음까지 분석해 수업 흐름을 자동 최적화하는 미래의 초등 교실을 꿈꾼다.

이러한 변화 속에서 학교와 교사가 관심을 가져야 할

주요 과제가 있다. 우선, 교사의 AI TPACK 재정립이다. 즉 기술, 교수법, 교과 지식을 AI 시대 버전으로 업그레이드해 교사가 AI를 '쓸 줄만 아는 사람'을 넘어 학생의 AI 학습 · 윤리 길잡이가 되도록 다시 설계하는 과정이다. 교사 관점에서 AI 도구가 많아도 어디에, 언제 써야 할지 감이 생기고, AI가 준 피드백을 읽고, 학생 사고 과정을 가르칠 전략을 마련하며, 데이터 편향, 저작권, 프라이버시 같은 윤리 이슈를 수업 흐름 속에서 다룰 수 있다. 이처럼 AI는 교사를 지식 전달자에서 학습 촉진자, 데이터 해석자, 윤리 가이드로 재정의한다(Zhao et al., 2022). 이에 따라 교사 연수는 모델 해석, 프롬프트 엔지니어링, 데이터 편향 진단 등을 포함한 'AI 교수 설계 역량' 중심으로 전환되어야 한다.

교사가 AI TPACK으로 재정립하면 수업에 쓸 디지털 도구를 아는 힘을 통해 AI 원리와 도구를 이해할 수 있으며, 초등학생 눈높이에 맞게 가르치는 법을 통해 AI 활용 수업 설계가 가능해진다. 또한 국어 · 수학 · 과학 등 학습 개념을 AI로 개념 설명하며 탐구할 수 있는 역량을 키울 수 있다.

AI 리터러시는 더 이상 선택 과목이 아니라 필수 교과가 돼야 한다. AI 리터러시를 '필수 교과'로 편입해야 한다는 주장은 단지 "코딩 수업을 늘리자"는 차원을 넘어선다. 벤톤(Benton, 2023)이 제안한 비판적 이해, 윤리적 판단, 창의적 응용의 삼각 구조를 기준으로 하면, 국가 수준 교육과정은 세 층위에서 동시에 작동해야 한다.

비판적 이해는 수업 연계 진도표에 따라 언어 모델과 추천 알고리즘의 동작 원리, 데이터 편향 및 저작권 쟁점을 개념 지식으로 다룬다. 예컨대 4학년 사회과목에서는 '검색 결과가 나에게 맞춰지는 이유'를, 6학년 과학에서는 '훈련 데이터와 AI 예측 정확도의 상관관계'를 실험으로 탐구한다(Lee & Kim, 2022). 윤리적 판단은 모든 과제와 평가에서 AI 이용 내용 공개와 사실 검증을 의무화해 '투명성'과 '정당성'을 생활 규범으로 내재화한다. 창의적 응용은 AI 디자인 기반 프로젝트를 정규 시간표에 편성한다. 이는 사용자를 넘어 AI-창의적 문화를 확산시켜 학습자가 AI를 재구성하고 개선할 수 있는 역량을 길러 준다. 이 세 층위가 국가 교육과정 안에서 나선형으로 배치될 때, 초등 단계의 'AI 길들이기'는 중학교의 '비판적 해부', 고등 단계의 '사회 문제 해결형 활동'으로 자연스레 이어진다.

고성능 장치와 네트워크 인프라가 학습 품질을 결정짓는 상황에서, 지역 · 가정 배경에 따른 AI 학습 기회 격차가 심화할 가능성이 크다. 공공-민간 협력으로 기기 보급, 클라우드 기반 러닝 플랫폼 무상 제공, 교사-학부모 디지털 역량 공동 연수가 병행돼야 한다(Saglam et al., 2023). 또한 AI 학습은 결과물만으로 성취를 가늠하기 어렵다. 따라서 과정 데이터, 협업 지표, 윤리적 선택을 포함한 다차원 포트폴리오 평가가 필요하며, AI 자체가 평가에 관여할 때는 투명성과 인간 감독 원칙을 명확히 해야 한다(Dai, 2024).

미래 초등 교실은 AI가 설계한 초개인화 학습 위에서 학생 주도 창의 프로젝트가 펼쳐지고, 이를 교사-AI 공조가 실시간 지원하는 형태로 진화할 것이다. 그러나 이러한 기대가 현실이 되려면 교사 역량 재설계, 윤리·프라이버시 거버넌스, 디지털 포용 정책이 삼각 축을 이루어야 한다. AI를 '교실의 무한 조력자'로 만들 것인지, '새로운 불평등의 촉매'로 남겨 둘 것인지는 지금 우리 교육계가 준비하는 속도와 깊이에 달려 있다.

참고문헌

Benton, P.(2023). AI literacy: A primary good. In A. Pillay, E. Jembere, & A. J. Gerber (Eds.), *Proceedings of the Fourth Southern African Conference for Artificial Intelligence Research*. University of Johannesburg.

Dai, Y.(2024). Dual-contrast pedagogy for AI literacy in upper elementary schools. *Learning and Instruction*, 91, 101899.

Han, A., et al.(2024). Teachers, parents, and students' perspectives on integrating generative AI into elementary literacy education. In *Proceedings of CHI*'24 (pp. 1-17). https://doi.org/10.1145/3613904.3642438

Lee, D. Y., & Kim, Y.(2022). Development of self-expression activity class program for elementary school students to cultivate AI literacy. *Fourth Industrial Review*, 2(1), 9-17.

Li, M., & Manzari, E.(2025). AI utilization in primary mathematics education: A case study from a southwestern Chinese city. *Education and Information Technologies*. Advance online publication.

Nezhyva, L. L., et al.(2025). AI tools for sustainable primary teacher education: Literary-artistic content generation. In *Proceedings of the 7th International Workshop on Augmented Reality in Education* (pp. 134-148). CEUR-WS.

Ng, D. T. K., et al.(2022). Using digital story writing as a pedagogy to develop AI literacy among primary students. *Computers and Education: Artificial Intelligence*, 3, 100054.

Saglam, R. B., et al.(2023). A systematic literature review on cyber security education for children. *IEEE Transactions on Education*, 66(3), 274-266.

Simbeck, K., & Kalf, Y.(2024). Understanding how computers learn: AI literacy for elementary school learners. In *Mensch und Computer*'24 (pp. 1-6). https://doi.org/10.1145/3670653.3677511

Watini, S., et al.(2024). Cybersecurity in learning systems: Data protection and privacy in educational information systems and digital learning environments. *International Transactions on Education Technology*, 3(1), 26–35.

Yue, M., et al.(2025). Students as AI–literate designers: A pedagogical framework for learning and teaching AI literacy in elementary education. *Journal of Research on Technology in Education.* https://doi.org/10.1080/15391523.2025.2449942

Zhao, L., et al.(2022). Developing AI literacy for primary and middle school teachers in China: Based on a structural equation modeling analysis. *Sustainability*, 14(21), 14549.

정용복

한양대학교에서 커뮤니케이션·저널리즘 전공으로 박사 학위를 받았다. 현재 한국방송학회 지역방송연구회장, 한국정치커뮤니케이션학회 연구이사, 언론인권센터 지역협력위원장, 《언론과학연구》 편집위원, 제주언론학회 부회장, 제주언론인클럽 사무처장, 제주대학교 총동창회보 편집위원장 등 다양한 학술 및 지역 네트워크 활동을 수행하고 있다. 저·역서로는 《What is Digital Journalism Studies?》, 《AI와 지역공동체》, 《AI 미디어 리터러시 교육》, 《제주 언론인의 기억》, 《대학미디어》 등이 있으며, 30여 편의 학술 논문을 발표했다. 한국지역언론학회 학술상(2020, 2022), 제주언론학술상 학술대상(2022, 2025), 4·3학술연구논문 우수상(2018), 한국언론학회 신진학자 우수논문상(2014) 등을 수상했다. 주요 연구 분야는 디지털 저널리즘과 미디어 커뮤니케이션, AI 로컬리즘과 공동체 담론, AI·디지털 리터러시와 시민성으로, 기술·사회·가치를 잇는 사회과학 기반 융합 연구를 실천하고 있다.